AU CADRAN
DE MON CLOCHER

DU MEME AUTEUR

Chez Plon :

LE ROMAN DE RENARD (roman).
LA FORET PERDUE (roman).
JARDINS SANS MURS (roman).
  LE JARDIN DANS L'ILE (roman).
  IMAGES POUR UN JARDIN SANS MURS.
TENDRE BESTIAIRE (Bestiaire I).
BESTIAIRE ENCHANTE (Bestiaire II).
BESTIAIRE SANS OUBLI (Bestiaire III).
AU CADRAN DE MON CLOCHER.
LA GRECE DE CARAMANLIS.

Aux Presses de la Cité :

ROUTES DE L'AVENTURE.
VAINCRE A OLYMPIE (roman).
MARCHELOUP (roman).
DERRIERE LES COLLINES (roman).
LA LOIRE, AGNES ET LES GARÇONS (roman).
BEAU-FRANÇOIS (roman).

U.G.E. 10 × 18

VAINCRE A OLYMPIE.

Chez d'autres éditeurs :

FATOU CISSE (roman).
L'AVENTURE EST EN NOUS (roman).
VLAMINCK.
CHRISTIAN CAILLARD.
CEUX DE 14.
  SOUS VERDUN.
  NUITS DE GUERRE.
  LA BOUE.
  LES EPARGES.
AFRIQUE BLANCHE, AFRIQUE NOIRE.
LES COMPAGNONS DE L'AUBEPIN (récit pour les écoliers).
L'ECUREUIL DU BOIS-BOURRU (roman).
SANGLAR (roman).
CANADA.
EVA CHARLEBOIS (roman).
LAFRAMBOISE ET BELLEHUMEUR (roman).
L'HIRONDELLE QUI FIT LE PRINTEMPS (contes pour les enfants).
LA DERNIERE HARDE (roman).
UN HOMME ET SA VIE : TETE BAISSEE (roman).
  BERNARD (roman).
FORET VOISINE.
GAI-L'AMOUR (roman).
RROU (roman).
L'ASSASSIN (roman).
CYRILLE (roman).
LA JOIE (roman).
REMI DES RAUCHES (roman).
JEANNE ROBELIN (roman).
AU SEUIL DES GUITOUNES.
RABOLIOT (roman). *Prix Goncourt.*
LA BOITE A PECHE.
LES MAINS VIDES (roman).
H.O.E.
LES DEUX LUTINS (conte pour les enfants).
MON AMI L'ECUREUIL (conte pour les enfants).
JEUX DE GLACES.
UN JOUR.

MAURICE GENEVOIX
de l'Académie française

AU CADRAN DE MON CLOCHER

PLON

ISBN 2-259-00479-2

A SUZANNE.

Note pour le lecteur.

Il y a trois ans à peu près, l'offre m'ayant été faite de prononcer, à l'intention des auditeurs de la radiodiffusion, une série de chroniques dont le sujet et les développements étaient laissés à mon libre choix, je profitais de cette liberté pour évoquer à haute voix des souvenirs de promenades, de voyages à travers le monde, du bois à la forêt, de l'étang à la rivière, de l'écureuil au couguar, du wild américain ou de la brousse africaine à mon jardin du Val de Loire.

Rien de plus libre en effet, et jusque dans leur ton même, que ces causeries hebdomadaires dans la prison blindée d'un studio. Derrière une cloison de verre, les « techniciens » manipulaient leurs appareils. En face de moi, pour m'écouter, un homme seul. Mais, peu à peu, que de présences ! Des témoignages m'en parvenaient, de plus en plus nombreux et chaleureux. Que viendraient faire ici la vanité, la fausse modestie ? L'impression qui m'en est restée, exaltante, est celle même que j'avais souhaitée : de partage, d'amitié humaine.

Et ainsi, d'échange en échange, à mesure que je les évoquais, tous ces souvenirs venaient s'ordonner comme d'eux-mêmes autour d'un thème peu à peu dévoilé : celui de l'aventure libératrice, en harmonie avec le monde, sœur de l'enfance et de la poésie.

Quelle ambition avait été la mienne ! Quelle illusion peut-être, après coup ! Et pourtant, l'un après l'autre, ces témoignages venaient me persuader que j'avais répondu à une attente, sans doute à une nostalgie. En cet âge où nous sommes, livré aux excès d'une technique qui se grise de ses victoires mêmes, dans cet antre où les bandes magnétiques, les ondes obéissantes m'apportaient la preuve tangible d'une habileté et d'un pouvoir miraculeux, je n'en avais pas moins l'écho d'exigences toutes différentes, moins aisément blasées celles-là, naturelles comme la soif et la faim. L'homme de ce temps y rejoignait l'homme de toujours. Il y reconnaissait une image de lui-même dont la ressemblance l'émouvait, comme l'enfant qui laisse tomber son jouet pour cueillir une pâquerette dans l'herbe.

Pourtant lorsque, l'année d'après, il m'a été offert de poursuivre ces flâneries sur de nouvelles *Routes de l'Aventure,* j'ai écarté la tentation, si vivement qu'elle m'eût attiré. Mais je crois que cette offre m'a conduit vers une pente voisine, à la recherche d'une autre image de l'homme, d'une ressemblance retrouvée, qui ne dût rien, elle non plus, aux artifices de l'éphémère ni aux similitudes du troupeau.

De là ce livre, écrit d'un élan naturel, aussi naturel que si je l'eusse d'abord, comme les *Routes de l'Aventure,* parlé. Mais c'est sous les espèces du livre, d'une sorte de geste romanesque, très libre dans sa démarche comme dans le choix de ses perspectives, que le présent ouvrage a pris corps et chaleur en moi. C'était rejoindre un projet de jeunesse mûri au long de toute une vie. Le lecteur me pardonnera, j'espère, si je m'en explique brièvement.

CHAPITRE I

PRESENTATION DE MON CLOCHER

Ce projet, il me semble aujourd'hui que je n'ai guère cessé d'y songer, alors même qu'en toute bonne foi je l'eusse pu croire abandonné. Je l'avais caressé au début de ma vie d'écrivain. Temps heureux, où les jours nous appartiennent, où la sagesse ne bride la Chimère que pour la mettre « à notre main », frémissante, d'avance docile, d'autant plus belle à nos jeunes yeux. Quand même, hélas ! elle nous échappe : ainsi n'est-il point de sagesse que le regret, tôt ou tard, n'accompagne. C'est le prix dont il faut la payer.

Mais je crois que le temps revient où les rêves de notre jeunesse retrouvent leur pouvoir d'enchantement, où la raison que l'on pensait « garder » se fait volontiers leur complice, plus habile seulement qu'autrefois à justifier les témérités, les erreurs, les faiblesses ou les illusions. Et c'est là toute la différence.

Ce projet, ou ce rêve, c'était celui d'animer un ample cycle romanesque dont la constante, le point d'ancrage, eût été la flèche d'un clocher : dans l'espace, à travers les années. Types humains, drames, intrigues, mœurs, politique, remous et surgeons de l'Histoire, tout se fût ordonné au pied de cette tour élancée soulevant vers les nuages, au-dessus des toits moutonnants, sa girouette et son coq gaulois.

Quel merveilleux observatoire ! Quelle école de vérité ! A condition que l'homme mûr, réfléchi, attentif au contrôle de soi, se souvînt constamment de l'enfance, de sa fraîcheur, de sa franchise et de sa spontanéité.

Pourquoi ai-je alors renoncé ? Peut-être parce que cette conciliation m'a semblé décidément impossible à l'homme que j'étais devenu, au guerrier grièvement blessé, mutilé de corps et de cœur, qui devait apprendre à survivre. C'était être requis par une conciliation plus urgente, aussi dure qu'elle était nécessaire : celle de la foi et du désespoir, de l'amertume et de la joie quand même.

Les années que nous avons vécues ne nous y auront guère aidés. On dit qu'elles ont été « passionnantes » et que c'est un grand privilège d'avoir connu de tels bouleversements. Mais de cela, qui sera juge ? Privilège pour privilège, j'aime mieux ceux de la paix, des loisirs et de la gentillesse.

Sans doute est-ce là l'une des raisons qui ont ramené ma pensée vers ce projet de mes jeunes années : la nostalgie, le regret que j'ai dits, inséparables d'une sagesse moins résignée qu'elle ne croyait l'être. Mais il y a d'autres raisons.

Ce bas monde a si vite évolué depuis une soixantaine d'années qu'il serait à peu près étranger, probablement inhabitable, en tout cas très déconcertant pour des êtres que nous avons connus, aimés, pour nos grands-parents par exemple. Qu'on veuille bien y songer un instant : n'est-ce pas la première fois que pareille chose arrive, du moins aussi radicalement, dans l'histoire de l'humanité ? Imaginons un contemporain des Guerres de religion, un Vieilleville, ou un Pierre de Lestoile, qui viendrait en personne nous raconter, tout uniment, les travaux et les jours des Français sous le règne de Charles IX. Ou sous celui du bon roi Henri. J'exagère ? Je ne le crois pas. Ou si peu. Je pourrais parler d'une vieille dame, d'une bourgeoise orléanaise, morte l'année de ma naissance, qui, jusqu'à la veille de sa mort, ne s'est jamais rendue chez ses enfants, pour le déjeuner dominical, que dans une chaise à porteurs. Je sais d'autres vieilles dames qui, dans les mêmes années, n'allaient jamais qu'en chaise à la messe. Il y avait dans les églises un emplacement prévu pour ces chaises, sous les cloches. Les porteurs étaient généralement des scieurs de bois — ces gens-là ont les bras solides — qui ajoutaient à leur activité principale cet appoint hebdomadaire.

On citerait bien d'autres traits et je n'y manquerai pas, chemin faisant. Pour le moment, je m'en tiens à cette constatation générale :

Les mœurs des Français, leurs métiers, leurs modes de travail et de vie, le rythme même de leur vie, et par conséquent leur mentalité, leur sensibilité aussi se sont sûrement moins modifiés en trois siècles, disons de 1600 à 1900, que dans le seul dernier demi-siècle. Et, loin que l'on puisse prévoir une stabilisation relative, le temps au moins de reprendre souffle, l'évolution au contraire se précipite, nous emporte Dieu seul sait vers où.

Alors, n'y aurait-il pas intérêt, dans le tourbillon même d'un présent frénétique, en proie à un vertige qui semble s'engendrer de lui-même, à saisir le juste moment où il nous reste possible d'évoquer un monde plus tranquille, à la fois révolu et actuel ? Actuel dans la mesure où il nous touche encore, serait-ce d'ailleurs inconsciemment, où il émeut encore et peut-être détermine encore notre sensibilité la plus secrète, la plus profonde.

Il s'agit là d'un retour de mémoire, d'un regard en arrière qui consente à s'attarder un peu, d'un mouchoir qui s'agite vers une ville d'Ys, ou plutôt vers une Atlantide, une immense Atlantide en train de s'abîmer sous nos yeux, un monde humain que le flux d'une marée sans retour aura englouti demain et où l'on n'abordera jamais plus.

Un témoignage, alors, à la fois véridique et pour une part imaginaire ?... Un témoignage, j'en suis d'accord, pourvu que soient bien précisés le sens et la portée du mot « imaginaire ». Justement parce qu'il s'agit de témoigner, certaine imagination, inventive et fabulatrice, n'a presque rien à faire ici. J'aimerais mieux parler de songerie éveillée. Mais ici encore, attention ! Très éveillée, très attentive, j'en prends dès maintenant l'engagement : à la poursuite ou à la chasse de réalités très vivantes, qui sont en train — et c'est là que je retrouverais la part de l'imaginaire — de devenir proprement fabuleuses, et qui le seront tout à fait pour les cerveaux et les sensibilités de demain.

Qu'on me permette une dernière précision : le témoignage que j'envisage ne peut être qu'entièrement spontané, entièrement personnel, et résolument objectif. Pas d'autre source que la mémoire d'un homme. Pas de documents, pas de notes, pas de carnets. Le point de vue de l'historien ne saurait être ici le mien. Si un témoignage de cette sorte a des chances de valoir quelque chose, il ne les trouvera pas dans l'ampleur de l'information, dans la rigueur de la synthèse, mais bien dans les intuitions de la sympathie, dans l'acuité et la fidélité. C'est une gageure, j'en ai parfaitement conscience au moment où je vais la risquer. Mais je la risque, car je crois qu'elle en vaut la peine.

Mon clocher, fin campanile au toit d'ardoise sur une tour à contreforts, porte une horloge à son flanc ouest. Cette horloge a sonné mes jeunes heures et, avec elles, les heures d'une petite ville entre les petites villes de France.

C'est une bourgade du centre, sur le bord de la Loire, au cœur du « Pré-Carré » français. Pas de province qui soit plus tendrement marquée, plus assidûment façonnée par le travail, la piété, l'art des hommes. Il y a élection mutuelle, c'est évident ; harmonie, et par conséquent bonheur. Il suffit d'ouvrir les yeux : partout des routes, des chemins, filant d'un village à un autre, d'une métairie à un château ; et de toutes ces routes la plus belle, la voie d'eau royale, l'ample fleuve nonchalant, lumineux qui reflète, en même temps qu'il les caresse, les puissantes tours médiévales, les basiliques, les maisons de pêcheurs, d'artisans, la branche de genêt de l'auberge et l'atelier du tonnelier.

Un jour, entre les deux guerres, il m'est arrivé de survoler à bord d'un hydravion vétuste, vrombissant, pétaradant et sonnant de toutes ses ferrailles, ce vieux pays que mes pas d'enfant, ma bicyclette d'adolescent avaient sillonné en tous sens. Je croyais le bien connaître. Et pourtant, quelle révélation ! La saison des moissons était passée. Cette terre, que je me rappelais chatoyante, verte et dorée de jeunes blés, rose de sainfoins, éblouissante de colzas, empourprée de trèfles fleuris, elle m'apparaissait nue, meuble, un peu poudreuse, tant de fois labourée, hersée, roulée, blutée que chaque parcelle prenait de là-haut l'apparence d'une planche dans un potager idéal, un merveilleux jardin où chaque lopin, à sa juste place, contribuait à tracer un admirable damier vivant, une province sagement souriante où l'équité, la fantaisie, la raison et la bonhomie se fussent mises exemplairement d'accord pour donner à chacun la part qui lui convînt le mieux.

Oh ! bien sûr, cela ne s'était pas fait tout seul, ni en un jour. Il y avait fallu une très longue expérience, transmise de père en fils, de génération en génération, pendant des siècles. Ce val plat, fertilisé par le limon du fleuve, on le sentait toujours inondable ; et pourtant les maisons s'y pressaient, mais chacune protégée autant qu'il s'était pu faire, les unes bâtics sur un rehaut léger, d'autres à l'abri d'une levée herbue. Pas une place qui fût perdue. Ces boqueteaux réservés, dans l'étendue des terres en culture, c'était la provision de bois pour l'atelier du menuisier, du charron, pour le merrain du tonnelier, le four du boulanger, la meule du charbonnier, l'âtre de la cheminée familiale. Même cette coulée sombre et broussailleuse, en apparence inutile et déserte, elle dérivait le flot des crues ; et de surcroît l'acacia y poussait, et l'osier, qui donneraient les pieux du courtil, les brins souples qu'attendait le vannier.

Cœur du Pré-Carré français, en effet. La vieille devise de la province me remontait à la mémoire : *Hoc vernant lilia corde,* c'est sur ce ce cœur que fleurissent les lis. Lis royaux, du Petit Roy de Bourges et de la bannière johannique ; mais aussi lis rustiques, mêlés aux roses trémières, aux giroflées et aux gaillardes sur la façade des maisons paysannes.

Mais le clocher, déjà, me rappelle, me ramène vers la petite ville. Villette, bourg, chef-lieu de canton, elle a beaucoup de sœurs entre Lille et Perpignan, Brest et Belfort ; beaucoup de petites capitales comparables, communes vaillantes, laborieuses, éprises de liberté, d'autonomie, particularistes, ombrageuses, un peu jalouses, fières d'elles-mêmes, de leur passé, de leurs traditions vénérables. Trois ou quatre mille habitants, quatre mille « âmes », comme on disait. Elles ont beaucoup compté, chacune pour sa petite part — mais cette modicité ne change rien au fond des choses — dans l'ensemble des traditions françaises, dans l'équilibre de la nation et, pour tout dire d'un mot, dans cet ensemble foisonnant, si nuancé, si courtois, si généreux, si précieux quoi qu'il advienne, qui s'est appelé, qui s'appelle encore et qui s'appellera longtemps, en dépit des « accélérations » de l'Histoire, la civilisation française.

Comme les autres, la petite capitale où nous sommes est le centre et le cœur d'un monde. Monde exigu, mais complexe et divers, pôle d'attraction pour une population rurale, elle-même variée, diversifiée à l'infini, de la forêt au fleuve, de la brande déjà solognote aux riches terrains alluvionnaires. Mais lui aussi, ce petit peuple rustique tient au bourg, au troupeau des maisons accrochées à leur coteau de Loire, serrées autour de leur clocher.

Les autres mondes sont si loin ! Landeroin, mon voisin, a un fils parti soldat. « Il est aux frontières », dit le père. Le garçon est à Pithiviers. Mais c'est bien des frontières qu'il s'agit : des frontières du département.

Mon autre voisin, Plotton, a servi en Algérie. Sa barbe d'ancien zouave est devenue si opulente qu'il en a le légitime orgueil : longue, souple, onduleuse, ondulante, largement étalée, d'un beau gris à reflets d'acier. Sapeur-pompier, il la caresse, il la loue en termes choisis, toujours les mêmes, comme fixés par un rituel : « Fine, dit-il, fine-s-et longue, soyeuse-s-et touffue. » C'est devenu le surnom de Plotton. Fier de sa barbe autant que lui, le bourg l'appelle *Finezélongue.*

Quand, lui parlant de sa jeunesse, on lui demande : « Est-ce loin l'Algérie ? » Finezélongue caresse sa barbe, sa voix se fait grave, solennelle : « Certaine distance », répondit-il. Et cela paraît loin, en effet, loin, loin, au-delà des années-lumière... « certaine distance... » Mais le clocher est là, stable, familier, tutélaire. Finezélongue peut fumer en paix sa pipe de plâtre, pareille à toutes les pipes de plâtre que fument tous les vignerons du Bourg.

CHAPITRE II

L'ASILE

« Tous les vignerons du Bourg »... Qu'est-ce à dire ? Et comment concilier cette abondance de vignerons avec l'image d'une petite cité, d'un bourg ? Justement : voilà déjà qui nous ramène loin en arrière, presque au cœur du Moyen Age. N'ai-je pas parlé de « petits mondes » ? N'en ai-je pas dit qu'ils étaient très complexes, très divers ? J'ajouterai : très différenciés. Cela sautait tout de suite aux yeux, rien que dans la répartition en quartiers. Le bourg, depuis, s'était donné de l'air, il avait fait craquer sa ceinture. Mais le parcage primitif, si l'on ose dire, demeurait encore bien visible, jusque dans les lignes de déhiscence.

C'est au pourtour que se cantonnaient les vignerons, surtout à l'ouest, du côté du soleil et des terrains un peu plus chauds. Ils étaient pieux, leur quartier s'appelait et s'appelle encore la Bonne-Dame. Ils avaient leur chapelle, leur bannière quasi paroissiale, leur statue de la Vierge, qu'ils vénéraient sous le vocable de Notre-Dame de l'Epinoy, leur bannière de confrérie aussi et leurs fêtes particulières : l'Assomption et la Saint-Vincent.

Ils étaient tout près de mille, reconnaissables à leur blouse, longue, flottante, délavée, qui tournait peu à peu à un bleu vert-de-gris, de la couleur même du sulfate qu'ils pulvérisaient sur leurs vignes ; à leur casquette, de soie noire l'été, de lapin et à oreilles l'hiver ; à l'habitude qu'ils avaient de se raser entièrement le visage, moustache comprise, une fois par semaine en moyenne, mais ponctuellement ; et aussi, chez les vieux, à leur corps plié en deux, noueux, tordu, qu'ils ne pouvaient plus redresser à force d'avoir biné, sarclé, marré, taillé leurs ceps. Ils allaient les mains jointes dans le dos, sous la hotte, pour faire un peu contrepoids, pour s'empêcher de piquer du nez, « les deux bouts ensemble », on disait.

On les retrouvait à l'est, un peu moins nombreux toutefois, au voisinage des meuniers dont les moulins de bois carrés, sous leur toit à double pente, moulinaient de leurs amples ailes à la frange du coteau de Loire, sous le souffle des grandes brises du Val. Ces vieux moulins, j'en ai connu sept ou huit encore ; il y en avait eu des dizaines. Je les vois qui tournent toujours à l'horizon de mes jeunes souvenirs, là où la route, sortant du bourg, s'ouvrait sur le monde sans limites. Car c'était là le quartier des miens, parents, oncles, grands-parents, un vieux quartier nommé la *Croix-de-Pierre* à cause d'une croix de Rogations, presque sans âge, voisine elle-même d'un monument beaucoup plus ancien encore, une tombelle, un tumulus. Ce tertre rond, ce *Mont-au-Prêtres* couvert de vignes, perpétuait le souvenir des prêtres gaulois, des druides, dont le grand sanctuaire national — on le sait depuis Camille Jullian — était à quelques kilomètres de là, dans une île boisée de la Loire.

Des vignerons, il y en avait d'autres au nord, le long d'une rue terrienne qui s'appelait la rue des Champs. Mais je crois qu'il eût fallu dire : la rue au Chanvre. Car un ruisseau avait coulé en son milieu, où l'on rouissait le chanvre avant de le teiller, de le filer ensuite pour en tisser les draps de la famille ou le confier à la roue du cordier.

Mais les vrais, les purs vignerons — les *pétras,* disait-on, à cause des passereaux des vignes — c'étaient ceux de la Bonne-Dame. Leur domaine, leur interminable rue, bourgeonnée de recoins, de venelles (une rue de la Poterie, entre autres), cessait au seuil de la vaste place d'Armes. Le bourg proprement dit commençait au-delà, au signal du château, de l'église. La route y devenait Grand-Rue, se doublait, se triplait, flanquée de deux rues latérales, au nord cette rue au Chanvre dont nous avons parlé, au sud la Grande Rue du Port.

De ce côté-là plus de vignes, mais la Loire, ses quais de pierre, ses pêcheurs et ses mariniers. On y sentait l'odeur des grèves, des filets mouillés, du poisson. C'était vraiment un autre monde, une autre race. Au lieu des vignerons sentencieux, traditionalistes, patoisants, les hommes de l'eau. Plus de longues blouses céruléennes, mais de courts bliauds bleu sombre ; plus de casquettes, mais des chapeaux de feutre noir, à larges ailes ; aux lobes de leurs oreilles — des oreilles terriblement velues — des anneaux d'or cerclant une ancre. C'est des mariniers que je parle, postillons des coches d'eau, des gabarres, des sapines, des salambardes, des roannaises. De Pays-Haut en Pays-Bas, ils « valaient » d'auberge en auberge, de fille en fille, jusqu'à Nantes. Ils déchargeaient, vendaient leurs bateaux, quelquefois les démolissaient pièce à pièce pour en tirer un prix moins dérisoire, les « déchiraient », c'était leur mot.

Le bourg les parait, à l'époque, du prestige des grands voyageurs. Francs du collier, prompts de la langue, du poing aussi à l'occasion, j'ai connu les derniers d'entre eux, mêlés aux pêcheurs des barrages, tendeurs de nasses et de cordeaux, sur un rehaut du coteau en terrasse qui dominait le fleuve de quinze mètres et qu'ils appelaient, grandiosement, la Montagne.

Le Port, la Croix-de-Pierre, la Bonne-Dame... De petits mondes dans un monde, des coins du bourg, mais pas « le Bourg ». Le Bourg, c'était le cœur de la ville, l'emporium, la banque, le cerveau, les deux notaires, les deux médecins, le négoce et l'industrie : les boutiquiers-marchands — la « marchandise », disaient nos aïeux — et les manuels, les artisans, apprentis, compagnons et maîtres.

Nous reparlerons d'eux tous, ou plutôt des uns et des autres. Pour le moment, c'est leur collectivité que j'évoque, leur concitoyenneté, communale et paroissiale. Chacun sa maison, sans doute, et chaque maison dans son quartier ; mais tous les quartiers bord à bord, solitaires, s'accommodant les uns des autres, les maisons des maisons et les hommes, vaille que vaille, des hommes. Bon gré mal gré, puiqu'on vivait ensemble, il fallait bien, au bout du compte, « corder ». On aimait la galère sur laquelle on était embarqué, on la trouvait jolie, plaisante, on en avait l'amour et la fierté. La première vertu citadine, c'était la sociabilité.

L'apprentissage en commençait tôt, autant dire dès l'école maternelle. Mais au bourg, on disait l'*Asile*. J'y suis entré en cotillon, le lendemain de mes vingt-deux mois. Les « grands », garçons ou filles, allaient avoir leurs six ans dans l'année.

Petits pétras, grenouillauds d'eau douce, galopins endeuillés de futaine ou délicates bourgeoises brodées, on voisinait sur les mêmes bancs, selon l'âge et les préférences, le zèle aussi, le classement glorieux ou honteux. Place au mérite ! Voilà de bonne démocratie. Ce n'était pas les classes sociales, en effet, qui déterminaient les distances. Il y avait un autre Asile, confessionnel, où régnaient de dignes religieuses. La proportion des enfants du peuple et des petits bourgeois bourgeoisants devait y être à peu près la même.

La sociabilité dont nous faisions l'apprentissage était ainsi admirablement libérale. Nos préférences, nos choix allaient à des individus. A la Bonne-Dame, traditionaliste, on se mariait volontiers entre soi. Cinq ou six patronymes suffisaient à nommer les familles. Il fallait bien, pour s'y reconnaître, recourir à des surnoms. Je faisais ainsi connaissance avec les petits Beurre-Sec, les petits Perdrix-aux-Choux, Trois-Œils, Paulot du Port, fils de Paulot, frère de Pauline, Criminel, Cahoteux, Gigot-Fin, à l'infini.

Nous aussi, et déjà, nous constituions un petit monde, à la fois circonscrit et divers, et nous sentions germer en nous un patriotisme communal dont la chaleur nous faisait solidaires, « enfants de l'Asile » que nous étions. Comment eussions-nous su, avec Bergson, qu'il s'agissait là de réalités naturelles, vraiment à la mesure de l'homme, et répondant harmonieusement à d'autres réalités naturelles, géographiques, spirituelles et morales ? Le chef-lieu du canton voisin était fier de ses andouilles, fameuses à dix lieues à la ronde : nous les lui laissions volontiers. Nous lancions, nous, des ponts suspendus, à Rouen, à Bordeaux, à Buenos Aires ! Fiers de nos ponts, nous comparions, sur le calendrier des Postes, le chiffre des populations respectives, fiers aussi d'être « les plus peuplés ».

Combien vivions-nous là, grouillions-nous là ? On arrivait de deux côtés : par la Grande Rue du Port, par les Sentiers. La maison de la directrice s'accrochait au bord du coteau. Dès avril, l'air sentait la glycine, vibrait de vols d'abeilles, de bourdons bleus. Il y avait de ce côté-là, presque à l'entrée de l'allée en pente raide qui conduisait à la terrasse, une curieuse barricade peinte en blanc, infranchissable pour les grandes personnes. Mais s'y ouvrait, à la mesure des courtes pattes, des petites têtes blondes ou brunes, une sous-porte, une espèce de chatière qui nous livrait passage, à nous seuls. On s'enfilait, se faufilait sous cette guillotine... Une fois de l'autre côté, nous étions dans notre royaume, en Lilliput.

Des bancs de bois, trois longues planches clouées, deux verticalement, l'autre à plat, badigeonnées de peinture noire. La poussière, les moutons s'accumulaient merveilleusement sous ces espèces de tunnels. Alors, une fois la semaine, c'était corvée de « grand balayage », assurée par nos propres soins. Propres... ce n'est que façon de dire. Les longs tunnels valsaient à grand fracas, la poussière volait en nuages épais, les araignées surprises filaient, arrachant aux filles des cris aigus.

Mlle Octavie, notre maîtresse, présidait au sabbat des balais géants. C'était une vieille fille sombre, aux bandeaux plats et cirés, au visage pâle et sévère. Elle était peut-être très bonne, mais cela ne se voyait pas. Sa mère la secondait, noire aussi, bonnet noir, devantiau noir de paysanne, narines noires de priseuse enragée. De noir aussi se vêtait Octavie, mais d'un noir plus soyeux, plus lustré. Elle était férue d'hygiène. Il y avait, au bout d'un préau, une étroite et longue pièce carrelée au mur de laquelle était fixé un bac de zinc, un étrange saucisson de fer-blanc, muni, à intervalles réguliers, de menus robinets de cuivre. Combien chiches ! Du goutte-à-goutte... A ce débit, les entrailles du cyclindre se révélaient inépuisables. L'eau s'y imprégnait, à la longue, d'une fadeur particulière, un relent de croupissure que mes narines retrouvent encore. Et pareillement l'odeur de la petite éponge, de l'unique petite éponge qui débarbouillait nos frimousses, à tour de rôle, à la douzaine.

« Approche ici, vilain nez sale ! » C'était une injure considérable, une flétrissure redoutée. Hélas ! Les hivers étaient rares où nous ne l'encourions et ne la méritions en chœur. Il y suffisait d'un moutard, et d'un rhume. Mademoiselle au revers de sa robe, Madame mère au creux de son tablier plongeaient une main dans leur profonde, en tiraient un vaste mouchoir. Et de moucher, et de « faire souffler », à tour de rôle aussi, changeant de place, bien sûr, de coin en coin. Mais le résultat n'en était pas moins infaillible. Dès la Toussaint, tous les nez de l'Asile étaient « sales ». On en avait jusqu'au printemps.

CHAPITRE III

LA « GRANDE ECOLE »

Les Sentiers — précisons : les « Petits Sentiers » — c'était ma voie d'accès à l'Asile. On la suivait d'ordinaire en troupe, tous les gamins de la Croix-de-Pierre, garçons et filles, sans parents pour nous escorter, les grands tirant les petits par la main.

Imaginez une sente agreste qui s'insinuait au cœur du bourg, desservant les jardins au revers des maisons. Elle s'insinuait et elle sinuait, avec des caprices, des retours, des ramifications, des étranglements, des dilatations imprévus. Des grillages la bordaient, des palissades à claire-voie, des haies, ici un jardin touffu où le chant des rossignols emplissait la nuit de mai, toute la nuit, jusqu'à ma chambre d'enfant ; là un chantier plein de grumes pesantes, où souvent deux scieurs de long, l'un à terre, l'autre debout à mi-ciel sur le tronc d'arbre équarri, tiraient le long ruban d'acier dans les giclées de sciure et l'odeur âcre du tan frais.

C'était familier et vivant, toujours nouveau, toujours amical. Nous y aimions la neige d'hiver, les petits soucis des vignes, les sureaux dont les branches creuses, patiemment vidées de leur moelle, donnaient aux garçons des canons à balle de chanvre, les robiniers aux feuilles ovales qui musiquaient entre nos pouces serrés et dont les longs pétioles, aux mains des filles, devenaient des bracelets, des colliers, des diadèmes, des liens fragiles qu'elles nous passaient au cou dans l'e-poir de nous enchaîner, déjà...

Un vrai petit monde humain, on le voit, avec ses rires et ses pleurs, ses rivalités, ses amours, ses jalousies, ses tendresses, ses drames qui ne semblent menus qu'aux grandes personnes qui les ont oubliés.

En même temps qu'à lire, à écrire, à compter, nous apprenions à ouvrir les yeux : sur la nature, le monde des coccinelles, des hannetons et des papillons, sur les travaux des hommes, les écuries de l'aubergiste, le long boyau herbu où le cordier tournait sa roue.

C'est là aussi que la révélation de l'art, de son pouvoir incantatoire et magique m'a été inoubliablement donnée. Il y a suffi d'une adjointe, d'un tableau noir, de quelques bâtons de craie, un rose, un bleu, un vert, un brun. J'ai vu cette grande fille aux mains rouges, pas jolie, aux cheveux un peu crêpelés, aux joues encore adolescentes, rebondies, fagotée dans un grossier carrick — il ne faisait pas chaud dans la classe — créer sous nos yeux un univers, y animer des créatures.

Elle venait de nous lire une fable de La Fontaine. Et voici que du tableau noir un étang bleu naissait, avec ses joncs, ses nénuphars, sa frémissante fluidité. La grenouille arquait son dos, bandait ses longues pattes de sauteuse. La queue du rat se raidissait à son épaule, comme le trait, la *bauline* des pêcheurs halant leur toue dans le courant. Elle l'entraînait sous l'eau profonde, criant en vain, déjà noyé : pauvre rat ! Mais ce point brun, là-bas, au fond du ciel ?... C'est le milan ! Le voilà, il plane, il darde son regard perçant, il va fondre, il fond, il s'abat, il enlève dans ses serres la grenouille liée à son captif... Ha !... Je haletais, j'étais ravi, moi aussi captif, envoûté.

Mon cœur brûlait de gratitude. J'aurais voulu crier à Mlle Suzanne mon admiration, mon amour, baiser les engelures de ses mains, ses grosses mains, ses mains magiciennes. Et je sentais, dans le même moment, la fragilité de son œuvre, cette poussière de craie menacée, vouée à un prochain effacement. J'étais triste, je mesurais mon impuissance de petit homme, à moi qui ne sauverais pas ce chef-d'œuvre, qui le sentais désespérément, quand j'eusse voulu, avec quelle ferveur, lui assurer l'éternité !

J'ai eu cinq ans, bientôt six ans. Le temps était venu de dire adieu à l'Asile, aux Petits Sentiers, d'entrer à la « Grande Ecole ». Je me revois, le premier jour, la main dans la main de mon père, le cœur battant. J'étais « un homme », mon père me l'avait dit, je serais « ferme et courageux ». Mais j'imagine sans peine aujourd'hui — toutes proportions gardées, bien sûr, et compte tenu d'un âge si tendre — le jeune Romain à l'instant de passer, bordée de pourpre, sa robe prétexte, le jeune Noir s'enfonçant dans la brousse pour les initiations rituelles.

La Grande Ecole était toute petite, ou plutôt ramassée sur elle-même : une grille rouillée, une cour, les salles de classe à droite, un préau poudreux à gauche, au fond une murette de brique séparant de par-delà ce potager, la maison de ce haut personnage, tout-puissant, redouté, redoutable.

C'était un temps très rude encore, je l'entends au sens de peu douillet, d'endurant. Car la politesse y était grande, attentive et même raffinée, constamment soucieuse des égards, de l'obligeance et de la gentillesse qu'un chacun doit à ses semblables. Mais on y avait froid l'hiver, on s'éclairait chichement, la nuit venue. Je me rappelle un de mes camarades, très tôt orphelin de père, qu'un grand-oncle, ancien marinier, avait recueilli sous son toit avec son frère et sa maman. Ces vieilles maisons de mariniers, c'était les plus belles du bourg, bâties au temps d'une prospérité que le chemin de fer avait tuée. Mais elles étaient glaciales et sombres. Les deux gamins, le soir, travaillaient à la faible lueur d'une chandelle, une seule chandelle, tout contre l'âtre où s'éteignaient les dernières braises. Quant le vieil homme était couché, la maman, sur la pointe des pieds, allait quérir une seconde chandelle, épiant du seuil de la porte le ronflement de l'oncle endormi. Il était bon homme, mais violent, et n'eût point accepté cette scandaleuse prodigalité.

Glaciales, toutes les maisons l'étaient, l'hiver venu ; sauf une pièce, la cuisine, et quelquefois, chez les privilégiés, la salle à manger. Feux de bois, boulets de charbon dans une grille, c'était l'âtre, le foyer qui ralliait toute la famille. On se rôtissait le bout du nez, la plante des pieds, les paumes, on cédait à l'appel du feu. Longtemps après, pendant la guerre... J'étais un homme, un soldat blessé, mais c'est quand même un souvenir d'enfance. Je revois ma grand-mère aux dernières années de sa vie, aussi fraîche, aussi doucement souriante. On était en hiver. Le feu de boulets rougeoyait. Et je tendais vers lui, en bavardant, ma main blessée que le froid du dehors avait cruellement saisie. Une odeur soudaine me frappa, de chair rôtie, mon Dieu, appétissante... Au même instant, tout près, j'entendis un grésillement, un frémissement de beurre dans la poêle : alors seulement je m'avisai que ma main commençait à frire.

Ainsi, mais plus anodinement, bouillaient nos engelures enfantines, dans nos galoches, sous nos mitaines. Mais nous aimions l'hiver et ses jeux, les patinoires que les ruisseaux gelés nous offraient tout le long des rues. Jamais enfances furent-elles plus joueuses ? Quatre fois le jour, les pavés des trottoirs sonnaient sous les semelles de nos galoches. Tous les « ra », tous les « fla » des tambours de la fanfare ou de la clique des pompiers n'avaient plus de secrets pour nous : nous les scandions de nos *claquettes,* deux minces lames de bois que nous serrions entre index et médius, entre médius et annulaire, et dont nous rythmions notre marche avec une virtuosité sans autre égale que notre frénésie.

On galopait à l'aller, au retour, on engouffrait le déjeuner dans la hâte d'arriver plus vite. La classe reprenait à une heure. A l'horloge du clocher, tout près, la demie de midi sonnait. Une demi-heure de jeux encore ! La cour grouillait, débordait sur les marches des classes où rebondissaient les billes — les *canettes* — sous le préau où ronflaient les toupies — les *moines* — où des parieurs à mollets nus, plus sérieux que des pontes à une table de baccara, se livraient aux émotions des épingles.

Qu'est-ce à dire ? Eh ! bien, des épingles, des épingles comme toutes les épingles, piquées sur des pelotes de papier que nous confectionnions de nos mains. On cachait deux épingles au creux du poing droit serré, chacun des joueurs fournissant la sienne. Les deux têtes opposées, c'était « bêche » ; les deux têtes du même côté, que l'on m'excuse, c'était « cul ». Au parieur de deviner. Il se penchait, cherchant à voir entre les doigts. Il se livrait, parfois, à d'étranges pratiques divinatoires, comme de mouiller ses index de salive, puis des les coller l'un à l'autre et de les écarter lentement. Et, selon la viscosité, il se conciliait les dieux. « Bêche ! » C'était bêche, en effet. A lui les deux épingles et la banque. Mais parfois, hélas ! c'était « cul », et le banquier raflait l'enjeu.

Mais pourquoi toutes ces épingles ? Pour le plaisir, pour la fièvre du jeu. On citait, comme des bancos fameux, des différences d'épingles mémorables. Au fond, peut-être la plupart de ces jeux étaient-ils ceux d'une race mercantile, ou, plus exactement, encline à thésauriser. On thésaurisait les épingles, les canettes, les toupies de bois. L'adresse, l'audace, la chance désignaient les futurs vainqueurs, les bien armés, ceux que depuis ce temps-là, ou presque, je me plais à appeler les botteurs. Mais cela implique des bottés.

De la maison du père Puy, longue masure basse au toit de tuiles moussues, les pensionnaires sortaient un à un, à leur suite le père Puy, son nez écarlate, sa moustache jaunie de nicotine. Il s'asseyait sur le murtin de brique, les sous-maîtres s'approchaient, le saluaient. Aux beaux jours, par la fenêtre ouverte, on voyait la mère Puy et sa bonne, la belle Juliette, qui desservaient, rangeaient la vaisselle. Tout débordait, les bruits, les odeurs, les serviettes de toilette aux lucarnes des mansardes. Le cours complémentaire était fameux loin à la ronde. De la Beauce, du Val, de la Sologne rappliquaient de grands gars paysans, aux gros genoux, aux poignets épais, eux aussi débordant de leurs nippes. On en avait juché sous le toit de la mairie proche, d'autres chez une logeuse du bourg, la mère Crolard, vieille fée Carabosse et barbue, toujours en caraco, toujours coiffé d'un bonnet à brides, toujours une perle de roupie qui lui tremblait au bout du nez.

Une heure sonnait, tombait du clocher. Le sifflet du père Puy stridait. « En rangs ! » Cela ne traînait pas. L'instant d'après, la cour était vide. Chaque classe ânonnait en cadence et berçait le quartier d'une immense rumeur studieuse.

Mais soudain, d'une classe ou d'une autre, jaillissait un rugissement. Etait-ce Puy ? Etait-ce Caragnoux ? Bordeville ? Maître, adjoints, ils avaient tous le rugissement facile et la torgnole tout aussi prompte. Tantôt la simple gifle ; tantôt l'honorable fessée, suspendu au creux d'un bras vigoureux et gigotant en ruades vaines ; tantôt, au moins aussi souvent, le coup de règle sur le bout des doigts joints. Très sec, l'angle du bon côté. Pauvres gosses ! Je pense aux petits doigts, aux engelures boursouffées des hivers.

Mais qui se serait plaint, indigné ? C'était ainsi, c'était dans l'ordre. Ces hommes-là n'y mettaient point de méchanceté. Ils étaient même... mais oui, relativement discrets. « Comment faire, disaient-ils, avec ces petites têtes de cochons ? » Peut-être, aussi et déjà, certains parents l'auraient-ils, d'aventure, entendu d'une autre oreille. Les temps marchaient, l'esprit changeait, les plus saines traditions commençaient à se voir battues en brèche. Mais qu'un pensionnaire, un allié, un élève « recommandé » s'avisât d'affirmer sa tête... Je me rappelle un neveu du père Puy, un certain Paulin Musard. Il n'était pas très bon sujet, il avait la caboche un peu dure. Quelles danses ! Je l'ai vu roué de coups sur l'estrade, tambouriné de la badine, des mollets aux épaules et des épaules aux mollets, comme une carpette empoussiérée, hurlant, suppliant, grimaçant, défiguré par une bouillie de larmes. Et, en face, toute une classe médusée.

Une fois pourtant, une mémorable fois, la classe put voir le terrible père Puy déconcerté, presque interdit. Non par le triste Paulin Musard, mais par un autre « recommandé ». Celui-là s'appelait Roubine ; madré, malin, de ceux dont on dit en Sologne : « Il est plus roué, ce drôle, que les fesses d'un postillon. » La citation est de circonstance : Roubine avait blindé sa culotte. De fer-blanc. Au premier coup qui s'abattit, une stupeur en même temps tomba. Quelle sonorité monstrueuse ! Nul de nous n'en crut ses oreilles. Ni le père Puy : la badine lui sauta des mains.

CHAPITRE IV

LA SAINT-ALEXANDRE

Qu'apprenait-on à la Grande Ecole ? Au demeurant, beaucoup de choses. L'orthographe, très bien ; l'arithmétique, imperturbablement. L'enseignement était assez formel, scolastique, pour une bonne part fondé sur le « par cœur ». On nous gavait de nomenclatures, que nous dégorgions sur un déclic, comme des compteurs. Mais ça tenait. Si je connais encore les grandes dates de l'Histoire de France, c'est grâce à cette école primaire, au père Puy et à ses « sous-maîtres ». Les déclics, les réflexes jouent encore : les douze communes du canton, tous les chefs-lieux de départements, toutes les sous-préfectures de France...

Lorsque, plus tard, voyageur ou pèlerin de la France, je suis allé faire visite aux Mamers de la Sarthe, aux Saint-Affrique de l'Aveyron, aux centaines de petites villes dont aucune n'est la « grand' ville », ces centaines de petites « mies » que la vieille chanson populaire préférait à la ville-Reine, à Paris, il m'a semblé que je renouais connaissance. Chaque nom s'animait, s'incarnait, devenait vite, si aisément, si naturellement, tendresse.

Comme c'est étrange, au fond ! Cette aridité, cette rigueur, cette dureté si souvent brutale, d'où vient qu'elles nous inclinaient ainsi vers le charnel, vers le vivant, vers l'amour ? A cause, je crois, de la petite ville elle-même, de l'atmosphère dont elle nous enveloppait, nous imprégnait à notre insu. Un Parisien aussi comprendra et sentira cela s'il est d'abord le fils d'un quartier, d'une rue, d'une petite ville dans sa grand'ville.

Même culturellement, cet enseignement si décharné, si « coup de trique » lui-même, oserai-je dire en mémoire de notre père Puy, impliquait un acte de foi. C'était un temps où l'on n'eût pu admettre, pour reprendre une formule célèbre, que les civilisations sont mortelles. Tout était stable, assuré dans ses racines, les us, les coutumes, le clocher, la monnaie, les sous-préfectures, la propriété individuelle. Le monde était aussi solide qu'il était divers et nuancé. Le dernier ébranlement, la dernière secousse guerrière, celle de1870, avait laissé le sentiment d'une spoliation non seulement injuste, mais monstrueuse, contraire aux Droits de l'homme, aux grands principes de 89, à l'ordre de la création. On n'était pas tant revanchard que patriote, patriote avec un point sensible, un point de meurtrissure, à l'Est, sur les cartes murales de la classe.

Et tout cela, je crois, unanimement, du père Puy au dernier marmouset, en passant par les cinq sous-maîtres. Quant à la discipline, si raide, elle ne révoltait personne. Il y avait là comme une délégation d'autorité, valable pour le monde de l'école, et, du même coup, une légitimation. Ce qui eût alors révolté, c'eût été les contraintes anonymes, les formulaires, les attentats systématiques, assidus, opiniâtres, irresponsables aussi, hélas ! au sentiment et au besoin de liberté — et j'ajouterai : de dignité, car au fond les deux se confondent — que les Français de ce temps-là avaient sucé avec le lait.

Voici un souvenir qui nous conduira, heureusement, hors de ces généralités. Il y avait quelque part en France, en ces années, un garçon qui s'appelait Dumarchey, Pierre Dumarchey : une tête ronde, solide, au frontail dur, à la mâchoire de chien boxer. Toutes les promesses d'un caractère. Le garçon grandissait, abordait à l'adolescence, temps de passage scabreux, difficile. C'était donner de la tablature à ses éducateurs naturels. Or, il avait un oncle à poigne, inspecteur de l'enseignement au chef-lieu de mon département. Je me souviens de lui : une banquise. Ce fut à lui, à sa férule que l'on confia le jeune rétif. La férule s'y ébrécha.

L'oncle inspecteur, alors, prit une résolution. Il passa mentalement en revue sa troupe de directeurs d'école, fixa son choix sur le moins flexible, la main de fer, mais dégantée : notre père Puy, comme par hasard. C'est ainsi que l'élève Dumarchey accrocha son baluchon de pensionnaire sous les tuiles de la maison Puy. Trempe contre trempe. Mais je crois bien qu'au bout du compte, ce fut l'élève qui eut le dernier mot.

C'était d'avance un homme, on le voit. A-t-il perdu, a-t-il gagné à cette confrontation ? Mon ami Pierre Mac Orlan serait le seul à pouvoir le dire. Car l'élève Dumarchey, c'est lui.

Surprendrai-je, si j'insiste à présent sur une urbanité, une gentillesse associées à cette rigueur ? L'éducation que nous dispensaient les maîtres d'école de ce temps-là prouve par le fait qu'elles n'étaient pas incompatibles. Ils nous voulaient prévenants, bien élevés. Je vois encore, dans la Grande Rue du Bourg, le très vieux prédécesseur du père Puy, tout courbé, ses favoris blancs à mi-joues, sa calotte de soie noire sur la tête, interpeller du seuil de sa porte, doucement, sans élever la voix, un élève étourdi qui ne l'avait pas salué. Je vois le gamin obéir, incontinent, avec une contrition et un respect bien visibles. Je vois la vieille main du bonhomme faire sauter, d'un revers, le béret du délinquant : « Tu peux aller le ramasser. »

Rien de plus. Mais cela suffisait. Et c'était de surcroît conforme, approuvé par la voix du peuple.

Ce que je vois encore, dans la même rue, c'est un personnage corpulent, avantageux. Très digne et même plastronnant, il s'avance entre les maisons, juste au milieu de la chaussée. Il est riche, on le salue, il fait figure de notable. Et pourtant ce n'est pas un notable. Pourquoi ? Parce qu'aux gens qui le saluent, il se contente de répondre en portant deux doigts rapides, désinvoltes, vers le bord de son feutre plat. Monsieur Chevalley ? Que non pas ! On l'appelle *Chapeau de Plomb.* C'est un peu plus que réprobateur ; un peu plus lourd, encore, que son chapeau.

La suprême injure de l'Asile, c'était, on s'en souvient, « nez sale ». Ici, à la Grande Ecole, je crois que c'était « malpoli ». Et cela impliquait bien des choses, qui dépassaient de loin l'élémentaire politesse du béret : une ouverture de l'âme, une confiance faite aux camarades, aux grandes personnes, à l'avenir, un altruisme généreux. Le tortionnaire de Paulin Musard, debout sur son estrade, trique en main, comme le bourreau en place de Grève, qui l'eût pu reconnaître le jour de la Saint-Alexandre ?

Le père Puy s'appelait Alexandre. C'était sa fête, célébrée dans la liesse, le vacarme, les vivats, l'odeur de la poudre. Le père Puy, je l'ai silhouetté. Alexandre, lui, n'était que sourire, tolérance, indulgence paternelle, attendrie. C'était *sa* fête : il donnait le « la » au pays.

Et ainsi, nous ses élèves, nous étions rois, tout nous était permis. Cela commençait dès la veille, comme la plupart des fêtes locales. Quelle bonne fête, que n'eût précédée la rituelle retraite aux flambeaux ? Ni la fanfare municipale ni les pompiers porteurs de torches ne nous accordaient leur concours. Peut-être même l'eussions-nous refusé. C'était la fête de l'instituteur, et par conséquent de l'école, de l'enfance, notre fête à nous, les garçons.

Mais nous avions, quand même, notre retraite, avec ses torches. L'un des grands nous en pourvoyait. C'était l'élève aux deux chandelles, le petit-neveu du marinier de la Montagne. Il avait découvert, dans le vaste grenier familial, une provision de grosses cordes, de câbles goudronnés, vestiges de l'ancienne marine. Il les débitait en tronçons, détordait, effilochait l'un des bouts. Le goudron faisait empois, ces fragments reptiliens avaient la raideur nécessaire. On enflammait la mèche effilochée : quelle fumée ! Roussâtre, pestilentielle... Mais bientôt la mèche flamboyait, crépitait, postillonnait en queue de comète. C'était beaucoup plus beau que les torches à pétrole des pompiers, plus ardent et plus sauvage. D'autant que les pétards commençaient à détonner. Nous les appelions des *fusées,* petits étuis de carton tricolores, pleins de poudre, que les épiciers vendaient par paquets, six ou douze. Ils en faisaient un grand débit. Entre deux pavés disjoints, les deux marches d'un seuil, deux pierres en bordure d'un trottoir, on les calait avant d'y bouter le feu. Partout des crachements d'étincelles, des explosions retentissantes, des sauts de crapauds rougeoyants. L'audace croissait avec le vacarme, l'odeur et l'ivresse de la poudre. D'aucuns tenaient le pétard à pleine main, l'enflammaient ainsi hardiment. On voyait leur visage s'illuminer d'une gloire dorée ; alors seulement ils le lançaient, l'envoyaient péter en plein ciel.

Rien de tout cela n'était bien dangereux : les pétards étaient minuscules, la poudre noire dont ils étaient bourrés se signalait par l'énormité, l'ampleur de son tonnerre plus que par sa vigueur brisante. Mais nous étions comblés, délirants, la gorge brûlante de cris, les yeux papillotants d'étoiles. Et demain, demain encore, c'était la Saint-Alexandre !

On éteignait les torches en les frappant, à tour de bras, contre la borne d'un portail, contre l'angle des maisons. Elles crachaient désespérément, expiraient en d'horribles sursauts, d'immenses volutes fuligineuses, une âcre odeur de soufre et d'enfer. Les ombres enfantines grandissaient dans un dernier envol, gesticulaient sur les façades. Les petites galoches ferrées sonnaient dans la nuit de printemps, s'éloignaient, égrenant leurs pas. Une dernière porte se fermait. La petite ville allait dormir, dormait déjà...

Mais demain ! Vive demain ! Vive demain !... Il faisait toujours beau. Alexandre était splendide, étincelant de linge empesé et le nez au grand pavois. Mme Puy, toute faille et jais, avait son sourire habituel, rayonnant de bonté, de candeur ; un peu plus lumineux seulement. Tous les pensionnaires l'aimaient bien. Il y avait toujours une promenade, une immense promenade enchantée, très loin, sur les bords de la Loire. Encore de la lumière, la plus fine, la plus transparente, la plus fraîche des fraîcheurs de ciel, d'eaux glissantes et de reflets dont se souviennent mes yeux vivants. On rentrait tard. Et c'était de nouveau, moins ardente, un peu lasse à mesure que le soir approchait, la bacchanale des jeunes sauvages, l'universelle pétarade des fusées, les hurlements et les vivats :

Vive Monsieur Puy !
Sa femme et Julie !

Nous n'y entendions pas malice. Si nous annexions la blonde servante, ce n'était que pour la rime. D'ailleurs, elle s'appelait Juliette.

CHAPITRE V

QUE DE FETES !

Ainsi nous avions notre fête, nous, les gars de la Communale. Mais les filles, les *bouelles,* avaient, bien entendu, la leur avec la Sainte-Victorine. Une vieille fille austère et raide, sans badine, mais non moins stricte que le père Puy. Octavie de l'Asile, Victorine... le célibat était presque la règle chez ces bonnes sœurs de l'école laïque, non pratiquantes, anticléricales, mais plutôt par obligation, par une sorte de devoir d'état, nous aurons sujet de le voir. Elles entraient là comme en religion.

Compliment lu par une grande, cadeau offert par souscription — généralement un objet « d'art », très laid, acheté chez un horloger du bourg — je veux rappeler ces rites qui étaient aussi les nôtres. Comme la distribution d'ovales et de sirop de grenadine.

Les ovales étaient des gâteaux secs, feuilletés, légers, dorés, vernis. Ils arrivaient dans de grandes mannes d'osier ; on les distribuait par centaines. Ils tenaient une grande place dans nos festivités, au point d'en être devenus, en quelque sorte, le symbole. Avec les verres à pied épais, que la grenadine transformait, au soleil des cours scolaires, en prestigieux rubis de légende, d'un rose ardent, sang-de-pigeon.

Qui n'avait sa fête, dans le bourg ? Sa fête publique, j'entends, qui devenait ainsi fête de tous. « N'a pas bonne fête qui met quelqu'un dehors. » C'est un dicton de la province. On ne mettait personne dehors. On conviait la cité entière. Quartiers, corporations, confréries, qui n'avait sa bannière et sa fête ? Et pareillement les tournants de l'année, les saisons. Voilà entre autres choses, qui nous ramène des siècles en arrière. Ce goût des réjouissances collectives, cette abondance de fêtes chômées, toute occasion, tout prétexte saisis, c'était un legs de l'ancien régime. Rappelons-nous le savetier de La Fontaine :

... on nous ruine en fêtes !
L'une fait tort à l'autre ; et Monsieur le Curé
De quelque nouveau saint charge toujours son prône.

On travaillait beaucoup, on ne plaignait pas sa peine, on n'avait pas toujours un œil fixé sur la pendule, on ne se croyait pas lésé, ni berné, si l'on avait dépassé d'aventure, fût-ce d'une minute, la dose de labeur légale. Mais en revanche, dans une très large mesure, on était maître de ses loisirs, Personne n'était pressé : ou, plus exactement, chacun ou presque pouvait attendre. « Demain sans faute », pour annoncer une livraison — un trait chez le bourrelier, une serpe chez le taillandier — c'était souvent « après-demain ». Affaire de ton de part et d'autre, chez la pratique et chez l'artisan.

L'un des deux pharmaciens du bourg, M. Chandouet, celui de la Gauche, sortait le soir de son officine pour porter son courrier à la poste. Son courrier... enfin, une lettre ou deux. C'était l'affaire de deux cents mètres. Il n'a jamais atteint la poste que la levée en fût déjà faite et le courrier parti pour la gare. En vain, d'un soir à l'autre, avançait-il l'instant de son départ. Il y avait, sur le trajet, trop de seuils accueillants, trop de camarades rencontrés, de partenaires pour une manille, pour un billard... « Non ! Non ! Je manquerais le courrier. » Et, ponctuellement, il le manquait. Mais il allait quand même à la poste. Il toquait à la vitre, au volet si c'était l'hiver, remettait sa lettre au receveur en personne. Encore un camarade, parbleu ! Qu'eût-il pu faire ? Il l'invitait.

Pâques, Fête-Dieu, Assomption, Toussaint, Noël, chaque grande fête religieuse s'accompagnait, comme d'un doublet profane, de foires animées et bruyantes où venait déferler la campagne, où les tentes des marchands se mêlaient aux baraques foraines, où Bataclan, le chanteur de complaintes aveugle, coiffé l'hiver comme l'été du même vieux canotier jauni, promenant de groupe en groupe son crincrin, ses yeux blancs et sa face impassible, presque spectrale, psalmodiait du même ton l'affreux crime de Brière, meurtrier de ses « cinq zenfants », et les grosses gaudrioles qui faisaient s'esclaffer les hommes et rougir les filles à marier.

Le manège à limonaire, où le même vieux carcan, aveugle, ou plutôt aveuglé par un bandeau de taffetas noir, tournait en rond le jour durant, souvent une bonne part de la nuit, les têtes de Turc, les coups sourds du maillet, les détonations terrifiantes, à faire éclater les tympans, qui saluaient la victoire d'un costaud, la baraque de mon maître à pêcher, Picard, et les chiquenaudes cinglantes des balles de plomb contre les tôles, l'odeur du nougat chaud, de la pâte de guimauve, de la bière, on les reconnaissait, toujours les mêmes, de la Croix-de-Pierre à la place d'Armes, du champ de foire à la place du Port. Toute la ville s'y retrouvait, marchait au bruit, à la musique, comme le papillon à la flamme.

Point de congés payés alors. On prenait ses vacances sur place, à l'occasion et à la fantaisie. On était libre, on aimait le plaisir, le choc des verres contre les verres, les remous, l'épaisseur de la foule. A chaque jour suffisait sa peine ; mais c'eût été un mauvais jour, celui où le rire et la joie n'auraient point trouvé leur place.

Le goût des farces, des gaudrioles, encore un héritage venu d'un très lointain passé. La *birette* enveloppée d'un linceul, la tête de citrouille évidée, percée d'orbites où la lueur d'une chandelle vacillait de clins maléfiques, les chaînes secouées, les cliquetis d'os, et la chasse au *dahut* où le hâbleur, le « glorieux » dont on jugeait qu'il était temps enfin de rabattre le caquet, tremblait, abandonné pour un affût imaginaire, la nuit, à la lisière d'un bois sinistre, de quels aïeux, depuis quels *temps* défunts, les jeunes de ce temps-là en avaient-ils recueilli la tradition et les pratiques ?

Je parlerai un peu plus tard des fêtes corporatives, des saints patrons, protecteurs des uns *ou* des autres, jamais des mêmes, sauf saint Martial, patron de la paroisse. Car je voudrais auparavant évoquer d'autres fêtes, moins pompeuses, mais peut-être, à mon sentiment, les plus aimables, les plus émouvantes : celles qui touchaient à la vie des familles. Et les familles y associaient les proches, la parentèle, les voisins, cela allait de soi, mais aussi la cité elle-même, la rue, les maisons, les fenêtres, les rideaux derrière les fenêtres, les roulements du tambour de ville, les tintements des cloches sur les toits.

Baptêmes, mariages, on les sonnait à grandes volées, comme pour un retour de Rome. « Qui marie-t-on ?... Qui baptise-t-on ?... » Mais, d'avance, on le savait. Du fond des classes, nous entendions vibrer l'airain. L'église était assez près pour que ces vibrations puissantes fissent doucement frissonner les vitres. Les corneilles s'égayaient dans le ciel. La demie de onze heures libérait une cohue impatiente, galopante, anxieuse d'arriver trop tard. On tournait le coin de la rue, arrachant le feu aux pavés comme à une pierre d'amadou. Dieu merci, ce n'était pas trop tard ! Le baptême touchait au parvis, les poignées de dragées volaient, rebondissaient, sautaient, roulaient. C'était une ruée, une mêlée confuse qui se dénouait, s'éparpillait, se renouait. Tout cela parmi les rires, les appels, les encouragements, dans une poussière de crottin sec.

Mêmes vols de cloches pour les mariages, même frémissement de l'air jusqu'aux nues, même liesse partout répandue. Mariés en tête, le cortège défilait. En tête... non. J'oubliais les ménétriers. Ils étaient deux, violon et piston. L'un tout petit, boiteux et glabre ; l'autre très long, sec comme un échalas, le teint d'autant plus vultueux qu'il soufflait plus fort dans son cuivre, et des moustaches de chef gaulois. Ce défilé... Même les plus assurés des bourgeois, les plus férus de respect humain, si leur fille se mariait au pays, n'auraient osé enfreindre un usage si universel, si constant. Dans ma petite enfance, j'ai toujours cru que j'avais assisté au défilé d'un cortège nuptial, pour moi entre tous admirable : celui de mes père et mère. Tout était net, précis, incontestable, y compris mon poste de guet : la porte vitrée d'une boutique, celle des Pellier, des amis de mes grands-parents, horlogers-bijoutiers-orfèvres. Nul ne m'en aurait fait démordre. Il m'eût semblé être frustré, d'avance un peu orphelin. Il y fallut l'âge, l'expérience et la perte de certaines illusions. Quel dommage !

Cette pompe, ces cloches, ces musiques n'allaient point quelquefois sans certains retours d'opinion, certaines effets à retardement, d'autant plus roides, hélas ! qu'ils avaient été moins prévus. Il arrivait qu'une blanche mariée, candide et fleurie d'oranger, accouchât dans les six semaines. La grand-mère en eût pris son parti sans ce souvenir de cloches éclatantes, ces tintements glorieux et sonores, ironiques et guillerets, qui résonnaient interminablement, qui résonneraient longtemps encore dans sa mémoire. « Un petit, on sait ce que c'est, ça arrive... Mais ces cloches, mes bonnes, ces cloches ! » Qu'y pouvait-on ? Elles avaient sonné.

Souvent, le lendemain des noces, en allait casser le pot : une cruche pansue, pleine de dragées, que l'on pendait à une cordelette entre deux arbres de la promenade. Les yeux bandés, un gourdin au poing, les garçons d'honneur s'escrimaient. Passe-temps populaire, sans âge, dont la symbolique gaillarde et la sûre vertu comique n'avaient pas pris une ride, si l'on ose dire, depuis Rabelais et bien avant.

Et j'oubliais toutes les fêtes imprévues, spontanées, qui fleurissaient d'une rencontre, d'un caprice, du passage d'un roulier venu livrer une corde de bois, d'un cochon que l'on salait, d'une cueillette de cerises, d'une vendange. On en parlait, on en riait des années. C'était, dans le folklore, dans la chronique des réjouissances officielles, comme des épices, comme des fines herbes. La tradition y prenait du piquant, du relevé, sans y rien perdre, bien au contraire, de son corps et de sa substance.

Sur ce point de la tradition, comment omettre le Jour de l'An ? Il y fallait, d'abord, la neige. La neige aussi était de tradition. Et il y en avait toujours. Il y fallait, dès le réveil, son éclat immobile et blafard derrière les vitres fleuries de givre. Il y fallait, dehors, les claquements étouffés des sabots. Les pauvres, les gagne-petit de la bourgade — pas les mendiants, non, les aricandiers, les tâcherons, les ramasseuses de champignons — ils venaient tous, ils sonnaient tous, ils « la souhaitaient bonne et heureuse ». Les piles de décimes étaient prêtes, les pipes en sucre rouge et les oranges pour les enfants, les cornets de tabac à fumer. Tout cela était immuable, comme les visites, celles que l'on recevait, celles pour lesquelles on prenait les devants : le cassis des dames Pellier qu'elles servaient dans leur salle à manger, près de planches en gradins où s'étageaient des fuchsias en pots, les raisins blancs, ridés et translucides, encore gonflés d'un suc mielleux, que les Hardel avaient coupés aux solives de leur grenier.

Que de fêtes en cette seule journée ! Quel enfant s'en fût plaint, les trouvât-il, parfois, un peu longues ? Et qu'était la réprobation encourue par un Chapeau-de-Plomb à côté de celle qui marquait, jusqu'au-delà de son trépas, un autre bourgeois de la ville pour avoir fait, le malheureux, l'imprudent, le provocateur, battre à son de tambour, pensant ainsi en être quitte, ses visites du Jour de l'An ?

CHAPITRE VI

QUE DE SAINTS !

Cette fête d'hiver, de neige, de grosse bûche dans l'âtre, d'oranges dans leur papier de soie, ce n'était point la fête du renouveau ; ni la Noël, tendre Nativité, fête du « divin enfant » et de tous les petits, grandissants, mais timidement encore (comme les jours de la Sainte-Luce, « du saut d'une puce ») ; et non plus et bien moins encore ce Premier-de-l'An protocolaire, ganté, guindé, à l'image de ces vénérables personnes dont les bajoues — je parle des vieilles dames — et les moustaches — c'est encore d'elles que je parle — venaient nous frotter le museau. Non, c'était des semaines plus tard que les hommes de ma petite ville célébraient la montée de la sève, le temps venu de tailler leur vigne, et, pour les jeunes, pareille à celle de la sève, la poussée d'un sang printanier.

Fête de jeunesse en effet, celle-là, bruyante, dansante, débridée. Et en même temps fête vénérable, d'une antiquité prodigieuse, mythique, païenne, plus vieille assurément que les saturnales romaines, ou seulement aussi vieille, j'y consens : ce qui n'est pas peu dire si l'on remonte à Saturne, à Kronos, au Père des Dieux, au Soleil. Car c'était bien une fête solaire, vieille comme les religions même, que les réjouissances des Jours gras dans cette petite ville française, il y a un demi-siècle.

On s'y livre encore de bon cœur, même aujourd'hui, du dimanche gras au mercredi des Cendres. Seulement les haut-parleurs, les tonitruants pick-up couvrent maintenant les roulements des tambours, comme dans un quelconque Tour de France. L'actualité inspire les chars, Fuchs et Hillary au pôle Sud, je suppose, et, bien entendu, les fusées, les missiles, les spoutniks et autres pamplemousses. Et la vieille fête que je vais dire, celle du mercredi des Cendres, si elle n'est tout à fait morte, ne traîne plus qu'une étrange survie, vacillante, machinale, dès maintenant non seulement incomprise, mais vraiment incompréhensible.

Le dimanche gras, c'était un long cortège, solennel et burlesque à la fois, une noce vigneronne de la Bonne-Dame. Toutes les armoires s'ouvraient, prodiguaient leurs reliques, charmantes les unes, attendrissantes les autres : les châles de l'Inde, les bonnets tuyautés, brodés, d'un travail souvent exquis (on en citait qui valaient cinq cents francs, et davantage : plus de cent mille de nos francs 59. Il y avait, au bourg, deux lingères pour les repasser, deux femmes, pas davantage, qui avaient la main assez légère ; puis une seulement ; et le dernier bonnet a disparu en même temps qu'elle) et aussi les redingotes raides, comme équarries à coups de serpe, et les gibus, les gibus évasés dont il fallait lustrer le poil, souvent rebelle, quelquefois indomptable. Témoin ce mot d'un vieux vigneron, au matin d'un mariage qui n'était point de carnaval : « Mauvais signe ! murmurait le bonhomme. Il va y avoir des fâcheries, à la noce et dans le ménage ! — Et pourquoi ? — Ben, mon chapeau. J'en viens pas à bout. Il se reguiche : une de ces colères ! »

Le mardi, c'était la fantaisie, la grosse farce populaire, les francs-tireurs d'une mascarade anarchique. Mais le mercredi, par contre... Il n'y avait qu'un seul déguisement, rituel, mi-partie blanc et noir. Pantalon blanc, chemise blanche par-dessus les tricots, mouchoir blanc aux coins noués en cornes serrant la tête masquée de noir, ceinture noire aux tours multiples épousant étroitement la taille. Et tous ces nègres sanglés de blanc allaient et venaient par la ville, balançant une lanterne allumée, poussaient les portes, furetaient de logis en logis, feignant de rechercher un fugitif, Mardi-Gras, Carnaval, chargé de crimes, d'opprobre et de malédiction : la vieille année autrement dit, le bouc émissaire auquel, à l'occasion et par le moyen d'un procès dans les formes, sanctionné par un jugement aux attendus cocasses, mais motivés, on transférait les péchés, les malheurs, les menaces d'un avenir inconnu qui pesait sur la cité, jusqu'au supplice expiatoire, au bûcher purificateur.

Plus tard, lorsque j'ai lu, par exemple, les études de Sir James Frazer, j'ai reconnu, à travers le monde et les âges, les images familières de ce mercredi des Cendres français. C'est en somme l'éternel *Rameau d'Or,* le jeune prêtre de Némi qui ne trouve sa puissance et sa gloire qu'en tuant son vieux prédécesseur, la vie surgissant de la mort, le printemps de l'hiver, la flamme des cendres et le jour de la nuit.

Si bien caché qu'il fût, on retrouvait, cela va de soi, Mardi-Gras. On le promenait par les rues, sur un char, mannequin grotesque et lamentable, enguenillé, chenu, sous une perruque d'étoupe blanche. Les trombones, mugissant, multipliaient leurs couacs, caverneux, pathétiques. Interrompues de lamentations, les voix chantaient la vieille complainte qui retraçait les crimes du condamné. Et le soir, la nuit enfin tombée, on le brûlait, parmi un grand concours de peuple.

Il y avait sur la place d'Armes, devant les grilles du château seigneurial d'où les La Vrillière, les Penthièvre, peut-être la jeune Mme de Lamballe avaient pu voir le même spectacle, une haute pyramide de fagots amoncelés autour d'un pin. Tout à la cime, ses bras raides ouverts en croix, Mardi-Gras.

Quel brasier ! Ronflant, pétillant, crépitant, flamboyant. J'ai pu là, bien des fois, surprendre dans son vif l'excitation élémentaire, forte et sauvage, que la fureur des flammes — j'entends les flammes de l'incendie, le feu grondant, dévorateur — vient éveiller au cœur des hommes : une ivresse de la destruction, un délire de la catastrophe, soudain lâchée, comme une bête.

Tout le bûcher flambait, des flammèches volaient sur ses flancs, le parcouraient jusqu'à la cime et s'en détachaient en plein ciel. Le vent du Val, souvent violent à cette époque de l'année, échevelait la fumée rougeoyante sur le vol des nuées emportées. Toute la jeunesse, de blanc vêtue, nouait autour du bûcher une farandole frénétique. La musique, les cris, le grondement du feu victorieux ne faisaient plus qu'une seule clameur. Le pin penchait, rouge colonne incandescente. Et tout s'écroulait d'un seul coup dans un aveuglant sursaut, un immense éclatement d'étincelles.

Alors les noirs visages surgissaient ensemble de l'ombre, lippus, les yeux ardents sous le mouchoir cornu. Et dans l'instant, au signal d'un garçon plus hardi, on voyait ces démons s'élancer vers les braises ardentes, en franchir d'un bond le monceau, l'ardente fournaise, sa lueur rouge et or, pour disparaître au-delà dans la nuit.

Aujourd'hui, tout cela est fini. Ou si, du moins, les mascarades persistent, c'est d'une survie hasardeuse, où les lambeaux des traditions, si d'aventure ils s'y mêlent encore, autant dire qu'ils sont méconnaissables, irréparablement défigurés.

Mortes aussi, les vieilles fêtes corporatives, si enracinées pourtant dans le tuf même de la nation. Que de patrons et de patronnes, de saints, de saintes gaillardement fêtés ! Alexandre et Victorine, bien sûr. Mais qu'auraient dit les musiciens de la fanfare, les pompiers de la compagnie si la ville eût oublié sainte Barbe, sainte Cécile, les aubades, les stridents clairons, les bannières couvertes de palmes d'or, de médailles, les banquets et les chansons ?

Les banquets, les soirées de gala, à peine si toutes les salles de l'école des garçons, la Grande Ecole, pouvaient en contenir l'affluence. Leurs cloisons étaient amovibles. On les faisait sauter, comme pour la distribution des prix. On décorait les murs de feuillages. Et les tables sur leurs tréteaux, selon l'occurrence, ou la cohorte des chaises de paille, des bancs de bois démocratiques, derrière l'unique rangée des fauteuils à velours rouge et des chaises capitonnées, accueillaient les convives ou les spectateurs impatients, d'avance ravis.

Le veau, nourriture de luxe, était la pièce maîtresse de ces agapes, de la tête aux pieds vinaigrés, en passant par le quasi, épais, dûment entrelardé. Les compotiers aux noirs pruneaux étaient servis d'avance et jalonnaient les longues tables, entre les bouteilles de gris-meunier. C'est un vin qui donne à chanter. Les pompiers ne s'en privaient pas, et non plus leurs invités. Etait-ce, de surcroît, l'uniforme ? En tout cas, la vie militaire, la caserne, la cantinière en particulier, avaient les honneurs des voix mâles, des rimes riches et des trémolos. Je me rappelle un clairon de la clique, son amour de la rime, non point riche, mais emphatique :

La cantiniè - hu - è - re
Par derriè - hu - è - re,

Et le reste à l'avenant. Quel bon public ! Prompt au rire, à l'enthousiasme, et qui m'a rendu si vraie, si frappante — c'est le cas de le dire — la comparaison des mains d'hommes à de solides, à de retentissants battoirs !

Quant aux fêtes corporatives proprement dites, parmi les Saint-Crépin, les Saint-Eloi et les Saint-Fiacre, je n'en mentionnerai que deux : la Saint-Vincent des vignerons, la Saint-Nicolas des mariniers. J'y retrouve le même caractère, la même dualité si conforme, si ressemblante à la personne, à la vie de la petite ville, à son rythme, à sa respiration : à la fois très particulières dans leurs traditions et leurs rites, et partagées.

La Saint-Vincent, sauf erreur de ma part, se célèbre le 22 janvier. Nos vignerons n'y manquaient point, derrière leur bannière, leur Bonne-Dame, processionnant vers l'église du Bourg où ils entendaient pieusement une grand-messe solennelle, *leur* grand-messe. Mais c'est plus tôt, entre Noël et le Jour de l'An, que la coutume la plus singulière affirmait sa pérennité.

Ce soir-là, dès la nuit venue, la sombre et glaciale nuit d'hiver, les jeunes vignerons, les « pétras » drus et hardis allaient en troupe, de seuil en seuil, pour donner aux bonnes gens une étonnante et rustique sérénade. Il faisait froid, on se calfeutrait, portes closes. Et voici que dans la rue déserte claquaient, sonores et pressées, un troupeau de galoches de bois. Cela approchait, s'arrêtait. Il y avait un coup frappé à l'huis. Un enfant, une jeune femme allaient doucement l'entrouvrir. Et aussitôt, dans une vague d'air glacé, le battant venait taper contre le mur, comme poussé par la rafale des voix.

Voix jeunes, voix puissantes et rudes. Toute la troupe restait sur le seuil, coupée en deux, à peu près immobile, comme figée. Mais le chant emplissait la salle, en répons d'une demi-troupe à l'autre, faisait trembler sur leurs rayons les assiettes du vaisselier... Est-ce que je vais me souvenir ?

Attendez... Les paroles reviennent, l'air aussi, monotone, un peu obsédant, jusqu'au cri d'allégresse qui le rompt :

V'là la Saint-Vincent qui viant !
Donnez-nous joyeusement,
Donnez-nous joyeusement par la sangoigne.

Mon camarade a fret aux pieds,
Les miens ne sont point réchauffés,
Mon camarade a fret aux pieds et moué je tremble !

Tout cela coupé du vieux cri druidique, exultant, lancé à l'unisson par les deux moitiés du chœur :

Au gui l'an neu !

La sangoigne, c'était le trou dans le mur, près de l'évier, qui permettait de tendre au vagabond l'aumône, le quignon de pain bis, sans qu'il entrât dans la maison. Mais cette nuit-là, toutes les maisons faisaient gentil accueil aux chanteurs de la Saint-Vincent. Le chant achevé, ils s'avançaient, secouant sur les dalles les patins de neige gelée. Ils soulevaient le linge blanc qui recouvrait la corbeille d'ovales, recevaient en échange l'offrande traditionnelle. On trinquait, un coup de vin chaud, ou une goutte. Et ils repartaient dans la nuit.

Ainsi les hommes des vignes essaimaient-ils hors de leur quartier, se répandant à travers le Bourg et jusqu'aux maisons des pêcheurs, des mariniers accrochés au Port. C'était vraiment le contact de deux races, l'une endormie et plutôt lente, sentencieuse, raisonnante, raisonnable, l'autre ouverte, liante, expansive et même quelque peu braillarde ; l'une voyageuse, dénouant comme par vocation les amarres de ses bateaux, l'autre rivée à ses maisons basses comme la chèvre à son piquet. Mais cette nuit-là, pour une fois et le vin chaud aidant, c'étaient les silencieux qui braillaient.

CHAPITRE VII

QUE DE GLOIRE !

« Deux races », ai-je dit. Etait-ce donc à ce point ? Mon Dieu oui, jusque dans la physiologie, dans le vêtement, dans l'habitat, dans le langage. Chaque vigneron avait son âne, son cochon ; quelquefois, pas toujours, une vache. On n'a jamais vu un cochon sur le Port, qu'en jambon et en saucisson.

C'est même là, sur ces différences, sur cette particularisation des individus, des métiers, chacun voué à des travaux où il s'agissait d'exceller, qu'il sied, à mon sentiment, de mettre, comme on dit, l'accent. J'y viendrai. Mais je voudrais encore, auparavant, évoquer une fête relativement toute neuve, surajoutée à toutes ces fêtes héritées de la suite des siècles, fête civique, dont les contemporains nourrissaient l'exaltant sentiment qu'ils en étaient en quelque sorte les créateurs, les inventeurs, et dont en conséquence ils avaient la légitime et par ailleurs la peu mince fierté.

Fête commémorative, qui d'année en année célébrait, avec la République, les conquêtes de la République, la Liberté, l'Egalité, la Fraternité, tout cela orné de majuscules. Car ces conquêtes avaient marqué, avec la fin de l'obscurantisme, l'aurore d'un nouvel Age d'or, d'une ère de Progrès continu, avec un P toujours majuscule, bien entendu. On est encore en plein Hugo :

Les peuples sont hors de l'abîme,
Temps futurs, vision sublime !

Le désert morne est traversé.
Après les sables, la pelouse.
Et la terre est comme une épouse
Et l'homme est comme un fiancé !

Oui, c'est du Quatorze juillet que je parle. Fête unanime, ou quasi unanime. Je dis « quasi » par scrupule de chroniqueur. Il y avait bien, en effet, quelques boudeurs ; mais très rares, et d'ailleurs si discrets qu'ils passaient inaperçus.

Cela, comme d'habitude, commençait la veille au soir, par la traditionnelle retraite aux flambeaux. Pompiers, musiciens, tous, cette fois, participaient. Derrière les torches à pétrole, les scintillements et les éclats des cuivres, c'était l'entrain des marches militaires, et la foule, une bonne foule populaire, par rangées, bras dessus bras dessous, barrant toute la largeur de la chaussée et festonnant d'un trottoir à l'autre. Le reste de la population était aussi dehors, chaque seuil ouvert, les gens d'avance prenant le frais sur les pavés de leur trottoir, les hommes une chaise entre les jambes et les coudes sur le dossier, et chacun se levant à l'appel de la fanfare.

Mais la fête, la vraie, la grande, c'était pour le lendemain, l'après-midi et la soirée du lendemain. Elle commençait par un défilé, au début de l'après-midi.

En tête... J'allais dire : les gendarmes. Mais non ! En tête c'était la *tonne,* autrement dit l'arroseuse municipale. Les routes, alors n'étaient pas goudronnées. Il s'agissait d'abattre la poussière, la bonne poussière épaisse, veloutée. Tous les contemporains vous le diront, il y avait alors des saisons. Et un Quatorze juillet sans soleil, sans chaleur, sans poussière et sans sueur, cela ne s'était jamais vu. En tête donc, l'arrière crachant en éventail, la tonne. Et aussitôt après, donnant tout de suite le ton, l'éclat, la fougue et la magnificence, les gendarmes.

Aujourd'hui, le mot « gendarme », la notion, la pensée « gendarme », qu'est-ce que cela évoque en nous ? Quelque chose de sobre, de strict, de sanglé, jusque dans le port, la couleur et la ligne de l'uniforme. Mais cela ne peut plus nous dire ce que ça nous disait, à nous, gamins, témoins émerveillés des Quatorze juillet de naguère. Pour moi, en temps ordinaire, les gendarmes de ma petite ville, c'était d'abord et avant tout les papas de mes camarades, débonnaires, fumeurs de pipe, le dolman dégrafé au col. Mais ce jour-là, magnifiquement, je les voyait se métamorphoser en centaures, en demi-dieux.

Ils montaient des chevaux puissants, pas de hussards, de cuirassiers ; et néanmoins fringants, fougueux, l'œil en feu, l'écume au mors et la croupe, mon Dieu, damassée : oui, ce jour-là, on leur tondait le poil d'une façon particulière qui faisait chatoyer ladite croupe en damier mordoré, soyeux. C'était très beau.

Quant aux gendarmes eux-mêmes... Ah ! qu'en dire ? Du bicorne aux éperons, sublimes. Et d'abord ce bicorne : noir, passementé de blanc et d'argent, cocardé de tricolore, coiffé de front, la façade offerte et les pointes latéralement, à la Napoléon. La tunique : noire aussi, aux parements rouges, aux pans rouges relevés en triangle, sanglé d'un baudrier miroitant, ornée d'aiguillettes d'argent. Sous cette tunique des culottes blanches, immaculées, étroitement collantes aux cuisses nerveuses des cavaliers ; sous ces culottes, de hautes bottes vernies, plus miroitantes que le baudrier, ergotées d'éperons étincelants ; et, sous le séant des culottes, un tapis de selle, à bordure bleu-blanc-rouge. Il me semble même voir, quelque part de ce côté-là, vers les fontes ou le troussequin, de la peau de panthère.

Eh bien, voilà : les gendarmes en tête, chevaux piaffant, encensant, claquant de tous leurs fers sur les pavés de la Grand'Rue, ailleurs sur les silex du macadam, dans une atmosphère d'épopée. Venait en suite le bataillon scolaire, dont les tambours (je vois encore les tapins enragés sous leur béret à pompon rouge), roulant aux fesses des chevaux, entretenaient leur énervement et contribuaient ainsi, brillamment, à leurs prestigieuses caracoles.

Et aussitôt, en cohorte serrée, innombrable, les futurs citoyens, les écoliers des trois écoles, depuis l'Asile de Mlle Octavie jusqu'aux grands et aux grandes des cours complémentaires, en passant par les moyennes ouailles d'Alexandre et de Victorine, tous les âges, toutes les tailles, entre deux ans et dix-sept ans. Cela faisait beaucoup de monde, un petit peuple bien dru, bien vivant, frisé, brillantiné, paré comme aux plus beaux jours. Que dis-je ? Mieux qu'aux plus beaux jours. Car ce jour-là était celui des trois couleurs. Bleu-blanc-rouge en drapeaux aux fenêtres, en écharpes aux corsages, en rubans dans les cheveux, en cocardes aux revers des petites vestes. Instituteurs, institutrices en serre-file, cocardés eux aussi, gantés, mais sans houlette, contenaient leur débordant troupeau, sérieux et presque compassé, mais peu à peu gentiment ramageur.

Et maintenant nous voici aux pompiers, derrière leur clique et leurs sapeurs, ceux-ci portant tablier de peau blanche, sur l'épaule la hache ou la scie ; parmi eux le plus barbu, notre vieil ami Finezélongue. Sanglés de bleu vif, les pompiers, casqués d'airain, coruscants sous le plumet rouge. « Au pas ! Au pas ! » La fanfare toute proche y aidait, les musiciens en uniforme, en tunique, bleue aussi, bleu marine, soutachée de brandebourgs noirs ; en képi, comme des militaires ; à plumet aussi, bleu de roi, un flot de plumes de coq que soulevait doucement la brise, ou seulement le vent du cortège.

Oserai-je parler de Monsieur le Maire ? Il était là, avec ses adjoints, son conseil. Puissé-je être révérencieux à l'instar de la ville elle-même, tout au moins pendant ce grand jour ! Longtemps son maire fut sénateur et même, pendant un temps, ministre. Lui aussi était en uniforme : sa redingote, son tube, son écharpe, son insigne de Père Conscrit et, comme tout le monde, sa cocarde. Grâce à Dieu et à la République, toute cette sombre zone du cortège en était ravigotée. Rien que du noir, les huit-reflets des tubes glissant insensiblement à la rotondité mate des melons démocratiques, les cravates de piqué blanc aux petits nœuds-ficelles de soie noire. Mais cocardes, cocardes, cocardes ! C'était le 14 juillet.

Ce l'était pour les gendarmes, les écoliers, les musiciens, les pompiers, pour le maire et ses conseillers, les fonctionnaires, le juge de paix, le receveur de l'enregistrement, les rats-de-cave des Indirectes, les mutualistes, leur ruban vert et noir, les sauveteurs, leur ruban tricolore, et la foule, toute la foule qui suivait, piétinante, dans une gloire de poussière, la bonne poussière d'été retrouvée, car la tonne était loin maintenant, à la longue peut-être vide, la première de tous épuisée...

Mais enfin, on touchait au but : l'une de nos deux halles anciennes (la nouvelle n'est guère que cinquantenaire), la halle au blé. Un toit d'ardoises sur de forts piliers de bois ronds. Assez vaste, et pourtant comble, débordante sur les degrés qui en soulevaient le terre-plein. Parterres de fillettes blanches, de plumets rouges, de plumets bleus. Vers le fond, au milieu d'un des longs côtés, mise en valeur par un décor d'écussons, de drapeaux et de lauriers, drapée d'andrinople rouge, la tribune de l'orateur.

Il n'y en avait qu'un, le ministre-sénateur-maire. On l'écoutait dans un profond silence. La *Marseillaise* de la fanfare, les chants des enfants des écoles y préparaient les oreilles et les cœurs. Cet orateur savait parler, jouer du binocle, de la carafe ; à l'occasion, habilement, du silence, y compris, aux bons moments, du sien propre. Sachant tirer parti aussi, au moins mal, d'une voix rêche, ou plutôt rouillée, il connaissait bien son public, sa réceptivité sans fond, son admirable et touchante candeur.

Comme ils l'écoutaient tous ! Comme ils se savaient gré ensemble, fils de la Révolution, de leurs Droits d'hommes et de citoyens, des immortels principes, des grands ancêtres, et parmi ceux-là des plus jeunes, Jules Ferry, Gambetta — « se soumettre ou se démettre » ! bravo ! bravo ! — Mais déjà l'orateur enchaînait : « Et vous, enfants... » Eux aussi, les petits, ils écoutaient, médusés ; et même les tout-petits, ceux de Mlle Octavie. Ils croyaient, comme Victor Hugo, comme leurs parents, leurs grands-parents, aux promesses des temps futurs, à une fraternité universelle, l'humanité avançant d'un seul pas vers un avenir radieux, la France en tête, c'est-à-dire les Français, c'est-à-dire, en cet instant, eux-mêmes pareils à ces soldats de l'An Deux du poète qui,

... Retournant les yeux dans leur course olympique,
Auraient vu derrière eux la Grande République
Montrant du doigt les cieux !

Mais le sourire, l'amusement, la gaieté venaient tempérer ce sublime. Que c'était donc une charmante petite ville, dans ses faiblesses et ses inconséquences ! Comme on avait souri à la fillette de

Monsieur le Maire, pas encore sénateur alors, le jour torride où, profitant d'une pause et montrant du doigt la carafe, elle avait dit de sa voix fraîche : « Papa, j'ai soif ! » L'éloquence n'en avait rebondi que mieux.

Mémorables aussi les Quatorze juillet où les volées de cloches des vêpres, tombant des abat-son tout proches et ricochant sur le toit de la halle, couvraient la voix de l'orateur. C'était une ère de forte tension politique, avec des accalmies, des récurrences. Ces volées de cloches vespérales y jouaient publiquement leur partie.

Le bâti du bourdon, une année, en resta quelque peu ébranlé. Il y eut une commission : à la veille même du Quatorze juillet, deux cloches sur trois furent condamnées au silence, « pour des raisons de sécurité ». Ce fut pis : l'unique cloche encore sûre, la petite, fit grêler tout à coup, précipité, haletant, affolant, un tocsin qu'on se rappela longtemps.

Mais, d'ordinaire, cela se terminait très bien, dans la dignité, les faces sauves, peut-être même souriant sous cape. Le garde champêtre, en uniforme, parcourait les quelques mètres qui séparaient la halle de l'église, où il entrait, discrètement, par une petite porte latérale. Quelques instants, et les cloches se taisaient, sur une dernière longue vibration. Alors M. le Maire reprenait son discours, content que M. le Curé fût content de sa démarche, content du prêtre, content de soi, de leur joute rituelle et feutrée, des regards levés vers sa tribune, des applaudissements, de sa ville, en son Quatorze juillet rasséréné, cette communion civique où les cloches mêmes avaient sonné.

Nous regagnions, nous, nos écoles, pour la distribution d'ovales et de sirop de grenadine. La fanfare donnait concert sur la promenade, au bord de l'eau. Et le soir, dans la nuit d'été, un feu d'artifice merveilleux, tiré d'un ponton flottant, reflétait ses fusées, ses soleils et son bouquet dans le sombre miroir du fleuve. Des barques à girandoles passaient, glissant au fil de l'eau ; et dans l'une d'elles, la fanfare, la fanfare encore, modulait, soupirait des barcaroles. Ah ! doux flonflons ! Grisante mitraille de mes enfantines années : celle des bouchons pétaradant aux goulots des limonades.

CHAPITRE VIII

COMPAGNONS (I)

Puissent mes jeunes lecteurs ne pas croire que j'aie insisté outre mesure sur la gaieté de ce peuple français, laborieux autant qu'il était gai, peut-être d'autant plus laborieux qu'il était, justement, plus gai. C'est là un trait de son tempérament dont l'omission le défigurait. J'ai tenu à m'en souvenir, comme d'une leçon que je lui dois : la meilleure façon d'être sérieux, c'est encore de l'être gaiement.

On était gai dans ma petite ville. Mais on y travaillait aussi : beaucoup et assidûment. Et, surtout, avec amour. A seulement évoquer ses quartiers, vigneron, fluvial, commerçant, artisanal, je parlais déjà de métiers. Il me semble que l'essentiel est là, dans cette persistance de corporations séculaires, fières de leurs traditions, de leur culture — car c'est bien d'une culture qu'il s'agit — de leur expérience héréditaire, de leur maîtrise professionnelle.

Bien sûr, ce traditionalisme, ces tours de main transmis et acquis n'allaient pas sans quelque routine. Mais, en revanche, leur perfection même avait quelque chose d'exaltant : conscience et contentement de soi, les deux choses vont souvent de pair. Comment ne pas songer ici aux admirables pages de Péguy ? Orléanais, comme chacun sait, il était né dans un faubourg, artisanal et vigneron justement, une petite ville aux portes de sa ville, toute pareille au bourg dont je parle. Qu'on se rassure : je ne vais pas me laisser aller, pour mon compte et après combien d'autres, à l'attrait de variations autour du barreau de chaise et de l'ouvrage « bien faite ». Mais qu'on me laisse au moins en retenir, à travers le respect et l'amour du travail *que l'on fait,* le désir d'exceller, d'être le meilleur, de primer, et ainsi de s'affirmer. En tant qu'individu, on l'entend bien, possesseur d'une *main* qui n'est qu'à soi, et qui doit s'attester dans l'œuvre exactement comme par une signature ; que dis-je ? Comme si l'œuvre elle-même témoignait pour la main qui l'a créée, sans qu'il y soit besoin ensuite d'une marque, d'un poinçon probatoire.

Ainsi, tous ces vieux artisans se sentaient à la fois solidaires, dépendants de leur métier même, de leurs maîtres dans ce métier, de l'enseignement dont ils leur étaient redevables, et libres, admirablement libres, le champ largement ouvert dans la carrière qu'ils avaient choisie et où ils étaient entrés, comme on dit dans *la Marseillaise,* « derrière leurs aînés » exemplaires.

Et c'est là que je vais retrouver, tout naturellement je le crois, l'extraordinaire variété dont j'ai parlé de prime abord, l'incroyable abondance de personnes, de types humains qui vivaient et se coudoyaient dans les limites de ce petit monde fourmillant, chaleureux qu'était encore, au début de ce siècle, une bourgade provinciale de trois ou quatre mille âmes.

L'état civil, à cet égard, n'y avait pas mis du sien. Je l'ai déjà noté : on se mariait souvent entre soi, on n'essaimait pas volontiers. Si bien que de telles coutumes, par ailleurs assez fâcheuses quant aux méfaits de la consanguinité, aboutissaient fatalement, à la longue, à la raréfaction des patronymes. Sur les mille âmes du quartier vigneron, quatre cents pour le moins s'en partageaient, vaille que vaille, trois ou quatre : Echallier, Blanluet, Grivot... Comment le voisinage et la parentèle elle-même auraient-ils pu s'y reconnaître sans les providentiels surnoms ?

Quand la femme du père Echallier, dit Mexicain, mettait au monde sept garçons Echallier, tous ces petits pétras, de l'Asile à la Grande Ecole, demeuraient Echallier ou, à la rigueur, Mexicains. Mais ils grandissaient, prenaient femme et voyaient naître, à leur tour, des fils. Alors ? Alors, si l'un boitait un peu, il devenait... disons *Cahoteux.* Si un autre, pourvu d'un long nez sensible, révélait un profil chevalin, il se voyait baptiser *Le Ch'vau.* Un autre, affligé d'une coquetterie dans l'iris — pas jusqu'à loucher, ou si peu — allait donner naissance à une lignée de petits *Trois-Œils.*

Ce n'était pas méchant. Disons seulement : munificent. A preuve, un quatrième Echallier, Lucien, fils modèle, vigneron modèle et, surtout frère modèle s'il en fut. Rien n'était mieux, rien n'était bien que dans la famille : le meilleur vin, l'âne le plus docile, le plus gros cochon dans la soue. Quant aux frères... Notre homme, alors, devenait lyrique : braves, forts, malins, il va de soi. Mais son idolâtrie fraternelle l'entraînait, d'aventure, sur des chemins inattendus : qu'il s'agît de siffler des chopines, de tendre des collets à lièvres ou de rouler les hommes des « Indirectes », les rats-de-cave, il fallait qu'un Echallier primât, ou plutôt un Trois-Œils, un Cahoteux ou un Pipe-Fine, un aîné, un cadet, un frère. Le surnom lui en était resté. On l'appelait Frère. C'est un beau surnom.

Dans mon quartier, il y avait quatre Grémion. L'un fabriquait des cordes, de la ficelle. On l'appelait *Grémion-Ficelle.* Un autre, son petit cousin, fondait le suif qu'il achetait aux bouchers, l'affinait, en moulait des chandelles, il était donc *Grémion-Chandelle.* Un autre Grémion, à longue blouse, à casquette de soie passementée, bonimenteur au coffre puissant, « faisait » les marchés et les foires. Il y vendait des longes pour les bêtes, des muselières d'osier pour empêcher les veaux de téter, du pain azyme, des tourteaux, des outils, mille accessoires aussi hétéroclites qu'ils se révélaient indispensables aux bricolages paysans : à cinq lieues à la ronde, plus fameux que le loup blanc même, on connaissait *Grémion-Bric-à-Brac.* Le dernier enfin élevait des « mouches », des abeilles, récoltait et vendait du miel : il était *Grémion-la-Douceur.*

Ainsi, l'on s'y reconnaissait quand même. D'où venaient-ils, ces surnoms ? Mystère. Enfantés par la voix publique : une espèce de génération spontanée. Mais presque toujours touchant juste, comme les noms propres originels, mais substituant une frappe toute neuve au coin d'une médaille usée : particularité physique, trait moral ou de caractère ; et, plus volontiers encore — toujours comme les noms propres originels — référence au métier, à l'homme social parmi les autres, dans son atelier, dans sa boutique. Rien que cela dirait l'importance du travail, celle de la profession, et le cas que chacun en faisait.

J'entends bien « chacun », du dehors et du dedans : respect du métier des autres et fierté du métier que l'on fait. Cela revient à dire « tout le monde ». Comment ne pas me souvenir, ici, de telle ou telle devise, de telle ou telle anecdote révélatrices ? Je revois, sur de vieilles assiettes rustiques, la devise du charpentier : *Sans moi, tout craque ;* celle des mariniers de Loire : *Si vilains sur terre, sur eau seigneurs nous sommes.* Est-ce que ça n'a pas belle allure ? Le plus beau des métiers, c'est le mien. Toujours. Si j'avais eu à le choisir, c'est celui que j'aurais choisi.

Même quand mon vieil ami Artus mettait quelque malice dans les commentaires explicatifs qu'il ajoutait à cette déclaration de principe (il raisonnait en marinier, mais en marinier cartésien, enfermait son contradicteur supposé dans un réseau de dilemmes serrés, pour conclure...) Mais il vaut mieux que je le laisse parler, évoquer l'eau trop grande et sa fureur redoutable, l'eau trop maigre et l'échouage fatal dans les sables : d'où la nécessité, dans les deux cas, de laisser le bateau à quai. Et pareillement convenait-il de rester sur la Montagne — l'eau étant à bonne hauteur — si la bise, soufflant de l'est, ajoutait sa poussée dangereuse à la vitesse du courant ; si la galerne, soufflant de l'ouest, s'opposait cette fois au courant et freinait le convoi flottant. Et ainsi de suite. De sorte que si, par un hasard en vérité miraculeux, toutes les conditions favorables se trouvaient enfin réunies, « belle eau, bon vent et ciel serein, il n'y avait rien d'autre à faire que de se laisser porter, les mains aux poches, la pipe au bec, au gré d'un bateau berceur. Voilà le plus beau des métiers ! » Mais cet humour, cette aimable ironie qu'il se permettait à lui-même, Artus, le marinier Artus, ne les eût tolérés de personne.

Vive ce chatouilleux amour-propre ! Il survit chez quelques fidèles, et j'avoue que je m'en réjouis. J'entends encore la vengeresse éloquence d'un vigneron de mon Val de Loire, ses imprécations indignées contre un de mes confrères de presse qu'il avait accueilli chez lui, avec lequel il avait trinqué, et qui s'était permis, le malheureux, dans son papier de reporter, de parler de l' « acide gris-meunier ». Le gris-meunier, c'est le vin du pays, qu'on appelait autrefois l'*auvernat,* qu'on servait préférentiellement sur la table des rois de France et dont Rabelais, qui s'y connaissait, disait qu'il avait « de l'esprit ».

— Acide ! Acide ! répétait ce vieil homme, à trop juste titre ulcéré. Acide ! Je lui en donnerai ! Qu'il revienne, oui... Ma fourche dans les fesses !

Il conviendrait aussi, à l'occasion de ces remarques sur la conscience professionnelle, sur l'amour et la fierté du métier, d'évoquer à loisir le monde du compagnonnage, ses coutumes honorables, ses hauts titres de noblesse et le sentiment admirable qui fut le sien, pendant des siècles, de l'homme et de sa dignité. C'est là un passionnant sujet, mais trop vaste, et de loin, pour que je m'y aventure dans le cadre de ce livre-ci. Quelle loyauté, quelle saine virilité, quel souci généreux de l'entraide ! Et, surtout, quelle présence attentive, constante, si chaude pour peu qu'on pense aux solitudes usinières, à l'anonymat des guichets, à l'étatisme glacial et sourd, cette espèce d'océan brumeux où rien ne peut plus rayonner, ni la sollicitude du législateur, ni la gentillesse du fonctionnaire, ni la charité de personne.

L'orientation professionnelle ? Croit-on que le compagnonnage ait attendu, pour s'en soucier, les tests et l'automation, le taylorisme et le stakhanovisme ? Les étapes, les échelons probatoires étaient prévus, gravis sitôt qu'on était digne. Même rudoyé, mené de main ferme, l'apprenti s'asseyait à la table de famille, comme le faisaient les pensionnaires de notre « Grande Ecole », torgnolés par le père Puy, mais servis à la bonne soupière, odorante, savoureuse, par les bonnes mains de la *mère* Puy.

Quelle ville qui n'eût ainsi ses « mères » des Compagnons ? Et de la sorte, pour chacun d'eux, son asile, son foyer, sa bonne porte et non son guichet, où les Gars du Tour de France savaient d'avance et à tout événement qu'ils ne frapperaient jamais en vain

Dieu merci, tout cela est trop humain, trop inspiré de la nature de l'homme pour que la nostalgie n'en reste pas, même ignorée d'eux, au cœur des hommes d'aujourd'hui. Non, ces choses-là ne sont pas mortes ! On peut relire, même aujourd'hui, les *Mémoires* d'Agricol Perdiguier. On n'y perdra pas son temps. Ainsi s'explique tout naturellement l'intérêt qu'a suscité un livre comme celui de Raoul Vergez, *la Pendule à Salomon,* témoignage sur un « Tour de France » qui se faisait, celui-là, à pied, de ville en ville, de province en province, pour la joie et l'enrichissement des hommes qui l'avaient entrepris. Ou encore le regain de faveur que trouve auprès de la jeunesse *le Tour de France par deux enfants,* notre « Livre de lecture » à l'école de M. Puy, pour nous vraiment oraculaire et que beaucoup d'enfants d'aujourd'hui lisent avec un plaisir, je voudrais ajouter, j'ajoute : avec une amitié pareils à ceux qui nous faisaient battre le cœur, quand nous découvrions, à la suite d'André et de Julien, un pays courageux, travailleur, un pays bâtisseur, artiste, enthousiaste et sain, un beau pays de bonne conscience, un pays qui était le nôtre mais que nous aurions choisi, comme Hugo après la défaite, comme le vieil Artus son métier, sa petite ville et sa patrie.

CHAPITRE IX

COMPAGNONS (II)

Le sentiment m'effleure, à ce point, d'une contradiction apparente. N'ai-je pas d'abord parlé, à propos de ces bourgades, de petits mondes particularistes, un peu repliés sur eux-mêmes, un peu jaloux de leur autonomie ? Et je viens maintenant d'évoquer, à propos des artisans, des compagnons, une société itinérante, très ouverte, aurait dit Bergson. En fait, les deux observations sont vraies.

Mais, loin qu'elles soient contradictoires, elles m'apparaissent complémentaires. C'est vers *l'établissement,* en effet, que tendait le Compagnon du Tour. « S'établir », le terme était sacro-saint. C'est l'éternelle histoire d'Ulysse, l'*Odyssée* après l'*Iliade,* le rêve du voyageur, « plein d'usage et raison », mais qui a choisi lui aussi, entre tous les horizons du monde, celui où flottent sur le ciel les fumées de son « petit village ».

Je plains de tout mon cœur les enfants qui n'ont pas eu la bonne fortune de voir un maître artisan travailler. C'est merveilleux. Grâce à l'Asile, puis à la Communale, mon frère et moi avions nos entrées partout. Nous savions ce que c'était que forger un soc de charrue, cercler une roue, cuire une fournée, jabler un fût, assembler en queue-d'aronde. Je voyais là une sorte de magie ; c'était pour moi autant de spectacles dont je ne me rassasiais jamais.

Songez à un gamin dans l'atelier d'un horloger, par exemple ; à moi, si vous voulez, chez ces vieux amis du bourg, de la boutique desquels j'avais vu — autre merveille — passer dans la Grand'Rue le cortège nuptial de mes parents. J'avais, depuis, un peu grandi. Je poussais la porte vitrée, déclenchant le timbre sonore, et criais : « Dérangez pas ! » Belle boutique, luisante, recueillie. Des dalles en damier blanc et noir, des « sujets d'art » sur des étagères, de hautes comtoises, comme d'étroits sarcophages debout (et le cadran, par les deux trous des clés, vous assenait de haut un effrayant regard glacé). Je passais vite, un peu anxieux chaque fois, et ralentissant malgré moi à l'instant de pousser la porte de la salle à manger.

Il y avait là, sur la gauche, à demi perdu dans

la pénombre, un étrange placard vitré. Par l'entrebâillement du vantail s'en échappait un murmure soudain, un chuchotis pressé, inquiétant, dont je me sentais assailli. Oui, je savais ce que c'était. Je m'encourageais d'avance. A vrai dire même, je n'avais pas peur. Et pourtant, chaque fois, le même malaise, la même transe secrète me pinçait délicieusement le cœur. Ce que recelait ce placard, c'était, pendues comme les femmes de Barbe-Blue, des dizaines de montres de toutes tailles, en attente des clients qui demain viendraient les reprendre : acier bleu noir, argent vif, argent niellé, des oignons bombant leur bulbe, de mignons boîtiers à rinceaux, certains en or, de ceux qu'on accrochait sur le corsage, à gauche, comme une Légion d'honneur bourgeoise, d'autres énormes, des espèces de pendules de poche. Et tout cela grignotait, rongeait à l'envi les secondes, précipitait à mon approche, pour me les jeter au visage, les battements durs, aigus, piquants de leurs petits cœurs d'acier.

Mais déjà la porte s'ouvrait : j'étais dans la salle à manger, dans la lumière verte et dorée qui venait de l'étroit jardin. Quelle quiétude ! L'air confiné sentait la pomme, la confiture, un peu le papier d'Arménie que l'on faisait brûler, parfois, pour chasser l'âcreté du tabac de Théodore. Tous les Pellier étaient célibataires : deux frères, Sylvain et Théodore ; une sœur, Céline, grasse, toujours assise, aux pâles et pesantes bajoues, lustrée au corselet, aux hanches par des élytres de soie noire ; et une belle-sœur, Mathilde, veuve d'un autre frère mort depuis l'éternité, je veux dire avant ma naissance. Et ainsi ce veuvage n'étant guère que pour mémoire, Mathilde aussi était à l'aise dans ce nid de célibataires.

J'entrais, et je tendais ma joue, une fois, deux fois... Il fallait en passer par là.

— Je peux aller à l'atelier ?

J'avais là deux grands amis, Théodore et Frédéric, le patron et le compagnon. Patron ? Si peu ! Pourvu qu'il fumât sa pipe et que Sylvain l'aîné, de temps en temps, lui tolérât magnanimement une journée de pêche à la ligne, Théodore s'estimait heureux.

Le cas n'était pas rare, dans ces familles d'artisans bourgeois, du frère mineur qui, moins doué peut-être, ou plus timide, ou plus paisible, se voyait relégué à un rôle d'éternel second. Cela datait de la lointaine enfance ; mais, le pli une fois pris, cela tenait jusqu'au tombeau. Ainsi de mon vieux camarade. Pendant que Sylvain, le « Monsieur », l'adjoint au maire, allait en ville, à ses affaires, à sa partie, à ses amours, qui sait ? Théodore, lui, la loupe à l'œil, des brucelles ou un tournevis-bijou à la main, inclinait devant la verrière, sur l'établi, son crâne poli, son nez vultueux, sa grosse moustache dorée de nicotine. Il me voyait et il était content. Mais il ne disait pas un mot. A la longue, il était devenu presque muet. Il allongeait son bras, sa main libre, attirait jusqu'à toucher sa blouse un haut escabeau, mon perchoir. Je choisissais ma loupe cerclée d'ébène, me la vissais sous le sourcil ; en ce temps-là, j'aurais porté monocle avec l'aisance désinvolte d'un lieutenant de cavalerie, la gravité d'un horloger de village. Les rouages étaient à moi, les pivots de rubis, les ancres, les ressorts spiralés et leur palpitation vivante.

Je me penchais, le souffle coupé, les côtes cassées, sans le sentir, par le rebord de l'établi. Je respirais avec délices les relents d'huile et de pétrole, et, quand je relevais la tête, laissant tomber la loupe et me décontractant l'orbite, je reposais mes yeux sur la longue treille de chasselas, sur les pots de fuchsias étagés que portaient des planches en gradins, les plus beaux que j'aie jamais vus.

C'est là, dans cet atelier bucolique, que le vieux Théodore a passé cinquante ans de sa vie. S'il l'a quitté pour un autre monde, le passage a été si bref qu'il n'a pas allégé d'une once le plateau de la dernière balance, le poids de tant et tant de jours qu'il avait donnés, sans compter, à la firme familiale. Les derniers temps, comme on dit, sa tête s'en allait un peu, ses mains tremblaient.

Mais dès qu'il s'asseyait, dans sa blouse noire, à son établi d'artisan, elles redevenaient fermes et sûres.

Quant à Frédéric, mon Dieu, c'était *le* Compagnon. Fixé, attaché de plein gré avant de « s'établir » aussi. Cela durait dix ans, davantage, quelquefois toute une vie. Sans chercher, sans hésiter même une seconde, je nommerais ainsi les compagnons de mon quartier, celui de Jousset le charron, celui de Turquier le ferrant, comme le principal clerc de l'une et de l'autre étude, comme Louise, comme Charles, comme Pascal, comme Davron, comme Blondeau, vieux « employés » de ma propre famille dont ma mémoire retrouve aujourd'hui les visages parmi les visages des miens.

Il arrivait que le compagnon fût le fils de la maison, maître ouvrier sous l'autorité paternelle. Il arrivait aussi qu'il le devînt, en épousant la fille du patron. Il arrivait enfin, au rebours, que le mariage dans un bourg voisin, l'occasion d'un fonds, d'une échoppe à céder vinssent mettre fin à ces unions solides, à ces amitiés de l'enclume, de la plane ou de la varlope. Mais alors commençait une autre fidélité. Les fêtes, les deuils demeuraient partagés. On s'écrivait, on suscitait chaque occasion de rencontre, de retrouvailles. On restait toute la vie Frédéric, ou Florimond, ou Fernand, le gamin qu'on avait tutoyé, bousculé un peu quelquefois, mais formé ; ce qui revenait à dire qu'on avait fait de lui un maître ouvrier et un homme, et cela signifiait la même chose.

Que ne puis-je me promener encore d'atelier en atelier, retrouver de l'un à l'autre l'attrait inépuisable qui naît, pour celui qui regarde, du travail d'une main habile ! N'ai-je pas dit, tout à l'heure, qu'il avait quelque chose de magique ? C'est vrai : les yeux se fixent et ne peuvent plus se détacher. Voir rogner les douelles d'un fût, par exemple, non à la plane ou à la doloire, mais à l'as, un pesant outil d'acier, bêche massive, un peu courbe, dont l'épais tranchant biseauté a le fil d'une lame de rasoir... Le fût tourne lentement, animé par la main gauche. L'as frappe, à petits coups précis, rebondissants. Des copeaux sautent, s'enroulent, de plus en plus minces et déliés : de transparentes pelures d'oignon. Et les douelles s'alignent comme d'elles-mêmes, égales, dociles, homogènes. Quand il avait achevé, le vieux Paulot, dont je reparlerai, me disait fièrement :

— Coule tes doigts.

Mes doigts glissaient, conduits par la courbe pas une écharde, pas une rugosité. Une tranche lisse, polie, miroitante. Réellement, c'était admirable. Combien d'heure ai-je ainsi passées, tantôt chez le charron Jousset, ferrant une roue de fardier dans sa cour, autour du rond de flammes où le puissant cercle de fer se dilatait avant d'épouser la jante, et, comme fond de décor, les hautes portes pleines où Jousset mariait les couleurs des carrioles, des tombereaux, et qui ressemblaient à la longue à d'énormes palettes barbares. Ou chez Champagne, l'ébéniste, qui avait copié un à un les plus beaux meubles du « Château » en un temps de soudure difficile (comme on ne disait pas encore, mais comme il arrivait déjà). Et les Jacob, les Riesener, les Elleaume s'en allèrent. Mais quand, bien des années après, le château fut lui-même vendu, et le parc, et le mobilier « d'époque », les meubles du père Champagne attirèrent grand concours d'antiquaires. Ils le prirent, autant dire, chat en poche, mais ne furent point volés pour autant : les copies valaient les originaux. Elles doivent passer, de temps en temps encore, dans les salles de l'Hôtel Drouot.

Cordier cordant, tournant sa roue comme le marin au cabestan ; scieurs de long, quatre bras pour chaque ; scieurs des cours, les deux frères Lebœuf, débitant les rondins stérés pour le chauffage de l'hiver... Jamais de hâte, mais pas de temps perdu, pas un geste inutile, jamais non plus ; même pas (et surtout pas) le geste entre les gestes qui remplissait le verre de vin rouge, près de la chèvre, qui l'envoyait au fond du gosier pour ranimer le cœur et les bras. Quelle économie de moyens, quel rythme ! Ils en ont scié, dans leur vie, des montagnes.

Dire que j'ai vu, aussi, le boucher à sa besogne de tueur ! Non pas à l'abattoir — il n'y en avait pas alors — mais dans son échaudoir médiéval. Assommer, égorger, dépouiller... J'en ai gardé une durable horreur. Mais je savais que le grand gaillard aux mains rouges, au tablier souillé de sang, qui faisait son métier devant moi avait un cœur sans cruauté. Me voyant pâle et révolté, il me disait, tirant la tête du bœuf, aux yeux aveuglés de cuir noir, vers l'anneau scellé dans une dalle :

— Retourne-toi, je vais l'endormir.

Et j'entendais, l'instant d'après, le choc terrible de la masse meurtrière, un seul, et le lourd écroulement du grand corps qui s'abattait. Quelques semaines auparavant, je m'étais cassé une jambe. J'avais huit ans. Pitoyable jambette, grêle et couleur d'endive, quand on l'avait sortie de la gaine en silicate ! C'est pour la « fortifier » que j'allais dans l'échaudoir. Je la plongeais dans le sang écumeux, la plante du pied au fond du seau. Ainsi le guerrier Massaï mange le cœur du lion qu'il a tué. Mais, pour un garçon de huit ans, c'était dur.

Adieu, vieux amis d'autrefois ! J'en veux évoquer un encore, pour tous ceux dont je n'ai rien dit. Un voisin, lui aussi, le cordonnier de la Croix-de-Pierre. Il s'appelait Mulot. Le teint rose, le poil neigeux, maigre et long comme un jour sans pain. Et toujours gai, toujours en train, son vieux visage illuminé d'un rire qui lui faisait sauter la pomme d'Adam.

Lui aussi avait son Théodore — Félix — aussi muet que mon horloger. Défense m'était faite de toucher aux tranchets, trop dangereux. Mais pour le marteau et les clous, les courts, à têtes arrondies, liberté, licence magnifique. Les deux Mulot travaillaient sur une espèce d'estrade qui occupait tout un côté de la boutique, taillant et battant le cuir. C'est sur le bord de cette estrade que j'enfonçais allégrement mes clous : des files, des ronds, des quinconces, des losanges. Les marteaux des Mulot imposaient au mien sa cadence. Pas de trêve, pas le temps de souffler. J'en arrivais à mosaïquer, à blinder des planches entières.

Il y avait, dans des casiers, des quantités de formes en bois : presque tous les pieds du quartier. Mulot travaillait sur mesures. Ses souliers, inusables, étaient moins chers que les souliers confectionnés. « Faut bien pourtant qu'on se défende contre ces diablesses de machines. » Mais à force de se défendre...

CHAPITRE X

PETITS METIERS

Lorsque le « père Mulot » est mort, je n'étais plus un petit garçon. Lycéen, étudiant peut-être... En tout cas, j'avais quitté le bourg. Je n'y revenais qu'aux vacances, pour voir s'effondrer un à un les vieux moulins à vents carrés, gris de vieillesse et de vermoulure, qui jalonnaient la frange du coteau, offrant leurs ailes au vent de la Loire. Et leurs meules, à leurs pieds, restèrent longtemps, des années, des années, témoignant pour les moulins fantômes, elles-mêmes peu à peu recouvertes, ensevelies sous la ronce et l'ortie. Mais voici ce qu'on m'a raconté :

« Il y avait quelque temps déjà que le vieux cordonnier se plaignait d'un petit malaise : un tiraillement, quelque part au côté, une gêne à bien trouver son vent, son souffle. Quelquefois, en tirant le ligneul : « Aïe ! » Et puis, un jour, vite à ne pas croire, une rougeur sombre, une douleur aiguë, comme un coup de couteau, du sang... On a fait venir le médecin, fallait bien. Mais il était déjà trop tard. En quelques jours, le bonhomme a passé. »

Que lui était-il arrivé ? Ceci, mon Dieu, qu'à force de se courber sur lui-même, tirant le ligneul, cousant, battant, piquant, clouant, l'une de ses côtes, en frottant contre une autre, s'était usée, mais usée à se rompre, énorme et double écharde dont l'une des branches, fichée dans la chair, avait fait plaie, lacéré, infecté ; jusqu'au jour où elle avait percé la peau, poignardant l'homme du dedans au dehors. Ainsi mourut ce vieux cordonnier, au champ d'honneur de la chaussure.

Tous ces manuels, je l'ai dit, étaient gais. Le père Mulot l'a été toute sa vie. Qu'il n'y eût pas toujours de quoi, j'en tombe d'accord ; mais il faut bien croire, à l'épreuve, qu'il y avait *aussi* de quoi. Jamais, au grand jamais je n'ai entendu aucun d'eux récriminer, grogner contre la monotonie, ou la dureté, ou la longueur de son travail. Mais louer le cœur qu'on y mettait, en célébrer la perfection, ça oui ! Des injures d'homme, de très grandes injures, méprisantes, infamantes, c'était, par exemple : « Feignant » ; ou encore : « potrassiau, berneux » qui flétrissaient le maladroit, le gâcheur, le bâcleur, le mauvais ouvrier en un mot, sans habileté, mais aussi et surtout sans courage et sans honneur. Même sentiment ombrageux de l'honneur, de l'honnêteté la plus scrupuleuse chez le marchand, le petit boutiquier. Qui s'était endetté serait mort à la peine plutôt que de ne pas rembourser, rembourser « jusqu'au dernier sou ». Pour des erreurs de cette sorte, l'opinion était terrible. Mais sans doute n'est-il pas mauvais qu'une armature, même extérieure, vienne aider à la bonne tenue morale, étant d'ailleurs bien entendu que le contraire est vrai aussi, malheureusement.

Un autre trait que je voudrais noter, à cause de cette rigueur même, c'est une tendance quasi générale à l'admiration *justifiée.* Autant on était sévère pour la paresse, pour les écarts suspects, la tricherie, autant on se plaisait aux réussites et au prestige d'autrui. On en prenait sa part ; on se sentait, comme par un rayon de soleil, caressé, illuminé par le lustre qui venait du voisin, je veux dire le concitoyen — « le gars d'ici », disait la bourgade — qu'il s'agît aussi bien d'un pont à transbordeur construit à Rio de Janeiro, d'andouillettes particulièrement savoureuses, ou du garçon de la potière reçu à l'Ecole Polytechnique.

Je sais un village voisin où le grand homme, un demi-siècle durant, a été un doux bricoleur, ingénieux et baroque, une espèce de Vaucanson paysan. Les merveilles lui éclosaient aux mains, pour l'ébahissement ravi de l'entourage, les raffinés et les naïfs confondant leurs applaudissements : oiseaux siffleurs, grenadier présentant les armes, paysage à mouvement d'horlogerie où l'on voyait un paquebot agité par les vagues de la mer, un train roulant sur un viaduc, un ballon libre voguant en plein ciel. Il avait disparu trop tôt, ce moderne, pour y mettre des automobiles, des avions, un satellite artificiel. Mais il n'y eût pas manqué.

Un jour du dernier été, traversant par hasard son village, je suis allé pousser la porte de la petite boutique verte où sa fille lui avait succédé. Ce n'est pas elle qui m'y a fait accueil, mais la servante qui avait pris soin de cette très vieille demoiselle aveugle, impotente. Et pour quels gages ? Je le laisse à penser. La vieille demoiselle était morte. Un acquéreur avait acheté le fonds du petit bazar-épicerie, on retapait un peu le carrelage, les casiers, la peinture écaillée. J'évoquai le vieil enchanteur, les automates, tous ces naïfs chefs-d'œuvre dont mon enfance s'était émerveillée. Est-ce qu'ils avaient été vendus ? Hélas ! oui. Sauf un ou deux, conservés comme des reliques, et qu'on alla chercher pour moi. C'était deux paysages découpés à la scie, un étang bordé d'arbres, un village et son église ; de minces plaques de bois ouvragées, ajourées, collées en plans successifs comme des portants de théâtre. Pas d'art à proprement parler, mais une minutie étonnante inscrite aux quenouilles des roseaux, aux feuilles des arbres, aux tuiles des toits, aux cloches de l'église ; un soin, une application, une sorte de ferveur enfantine où l'âme retrouvait une présence.

La servante s'extasiait, les deux carreleurs, l'ouvrier peintre qui s'étaient approchés un à un. Ils étaient tous trop jeunes pour se rappeler le vieil homme : une figure pour eux légendaire, un mythe. Mais ils voyaient l'œuvre de ses mains, ils devaient croire, ils croyaient. Et j'étais doublement content, moi qui l'avais connu vivant, qui retrouvais les traits de son visage disparu : à la fois dans mon souvenir d'homme, et parce que je reconnaissais, sur ces visages penchés et présents, le même émerveillement naïf, la même foi, populaire et candide que j'avais vus briller, enfant, dans les yeux des artisans de la Croix-de-Pierre, ou dans ceux de mes petites camarades, à l'Asile, quand Mlle Suzanne dessinait au tableau noir l'aventure du pauvre rat, de la grenouille et du milan.

Si rapide et si vive qu'elle doivent être, mon esquisse serait infidèle si j'oubliais ce que j'appellerais volontiers la toile de fond ; colorée, certes, mais aussi animée et sonore : la rue, atelier elle-même, de toute part ouverte aux ambulants du porte-à-porte, aux gagne-petit, aux menus métiers du plein air.

Que de silhouettes, d'appels, de rumeurs ! La marchande de gras-double et son bonnet ruché, la marchande de fromage blanc et son bonnet à brides, l'une longue, austère, presque solennelle, l'autre sanguine, vive, affairée. Quelle propreté ! Le linge blanc sur la manne d'osier, le pot brillant de mille feux, les deux bonnets repassés, empesés du matin même... Pour dix sous de tripes savoureuses, pour quatre sous de « petit fromage », quatre louches qui tintaient sur le rebord de l'assiette creuse : c'était le déjeuner d'une famille. Et d'aller le long des trottoirs, de seuil en seuil, jusqu'à ce que le lourd pot de fer-blanc, le grand panier sur la saignée du bras devinssent enfin légers à la fatigue de la mère Bordeville, de la mère Mogue.

Les jardinières, venues du même écart distant d'un bon kilomètre, arrivaient en carriole vers la fin de la matinée. Concurrentes, et non sans âpreté ; mais, d'un commun accord, chacune avait son jour, que l'autre ne lui disputait pas. Quelle fraîcheur débordante, odorante, le poireau, le céleri, le potiron, les petits navets blancs du cru, la scarole ou la romaine ! Toute la rue fleurissait, embaumait, les saisons entraient dans la cuisine. Chacune son cri, son appel de trompette. Et d'autres jardinières, dans les autres quartiers ! La boulangère était à deux pas, mais la boulangère passait, sanglée d'un tablier aux poches profondes, solides, où s'amassait la monnaie de billon, portant à la ceinture les faisceaux de réglettes de bois. C'étaient les *tailles.* Chaque client avait la sienne. La boulangère marquait chaque pain livré d'une petite entaille au couteau, une *coche.* On ne payait qu'à semaine échue.

Les bidets et les ânes allaient leur route, louvoyant de trottoir en trottoir et s'arrêtant au seuil des pratiques. Un hennissement, un braiment cordiaux témoignaient des reconnaissances. Quelquefois un bidet, impatient ou galant, démarrait à l'improviste, jardinière, boulangère gesticulant et criant à la traîne, tandis que la roue enchaînée patinait sur les silex.

Les véhicules variaient à l'infini : voiture à chien, attelée d'un vieil épagneul noir, où Tony et sa sœur, Tony qui tapait du triangle aux concerts de la fanfare, promenaient le charbon de bois ; brouettes des marchandes de poisson, où tressautaient aux cahots, dans les claies, les bêtes de l'eau encore luisantes, gluantes, la blanchaille de goujons et d'ablettes, les aloses irisées du printemps et parfois, lors d'une vive crue d'été, des corbeillées d'anguilles débordantes, à l'odeur puissante et iodée. Et les charrettes à bras, les « diables ». Porteur de linge du bateau-lavoir, tréteaux, échelles des plâtriers, des peintres, quel artisan qui n'eût son diable dans sa cour, avec son frein, sa bricole, sa béquille ! Et le cabriolet du médecin balancé sur ses hauts ressorts ! Et le roulement approchant, grandissant, la nuit, dans le silence du bourg ensommeillé, de la voiture du messager, le glissement tournant au plafond, à travers les lames des persiennes, de la lueur de ses lanternes. Je pensais à l'hiver, à la neige, à l'épaisseur de la forêt. Les pas du cheval s'éloignaient... Je m'étais déjà rendormi.

Toute l'année, même au cœur de l'hiver, la vie allait, menait son train. Des baladins passaient, des Piémontais montreurs de singes, les petits ramoneurs d'Auvergne, le rétameur, le racommodeur de faïences, le repasseur de couteaux, de ciseaux, le retendeur de parapluies.

Nous vivions, nous autres gamins, au cœur de cette animation, si variée, toujours nouvelle. Nous connaissions les pourvoyeuses de mâche et de cresson sauvages, de pissenlit, les cueilleuses de cèpes, de girolles et de mousserons, les ramasseuses de feuilles, à l'automne, courbées sous les platanes de la promenade et chosissant, larges et dorées, les plus belles feuilles tombées qu'elles enfilaient en bruissants chapelets pour les vendre — quelques sous, pas beaucoup — aux fromagers. La Baronne, la Belle-Rose, pauvres vieilles ! Elles étaient fières, elles « n'étaient pas à la charité, ah ! mais non ! » Et non plus Jarnicot, le pêcheur de grenouilles qui les vendait au quarteron ; ni Fiollat, le « peaudlapinpeau »... Petit monde où chacun vivait, s'arrangeait, vaille que vaille ; petit monde modeste et gai, où l'unique suicide que j'aie connu dans mon enfance était celui d'un « riche », secoué par un mécompte boursier.

Comment s'ennuyer jamais ? Les seuls bruits étaient des bruits vivants, des hennissements et des abois, chants des poules pondeuses dans les cours, cris des paons du vétérinaire. Ces bruits parlaient d'animaux familiers, d'outils maniés allégrement : la batte du tonnelier rebondissait sur le baril sonore, les peintres chantaient sur l'échelle. Pas un bourdonnement de moteur, jamais. Turquier, le maréchal, ferrait sur le trottoir de la Grand'Rue, en plein bourg. Souvent, sur le chemin de l'école, bayant aux nues, je me heurtais ainsi au flanc massif d'un percheron. La mère Turquier, le plumeau de crin à la main, chassait les mouches qui l'eussent énervé. Toute petite, avec un fin visage paysan comme on en voit aux toiles de Le Nain, elle claquait l'énorme croupe, la poussait de l'épaule en y mettant toute sa force : « Laisse donc passer le petit gars, carcan ! »

Quel gentil monde aussi, courtois, prévenant, charmant de bonhomie ! Souvent, chez mon ami Paulot, maître tonnelier sur le Port et père d'un garçon de mon âge, nous nous trouvions une dizaine de gamins. Alors, vers les quatre heures, le tonnelier posait sa plane, souriait dans sa grosse moustache blonde :

— Si on goûtait au saladier ?

Le saladier était énorme, plein de pommes de terre à l'huile, avec ce qu'il fallait d'échalote, de poivre et de ciboulette. On coupait des tartines à la miche, on piquait à la fourchette, tous ensemble ; et on se régalait, chacun pour tous, tous pour chacun. Inoubliablement : la preuve...

Les voisins de mes grands-parents employaient quelquefois, à leur jardin, un journalier de la Croix-de-Pierre. Ce Verjus était un braconnier. De talent, bien entendu : tout braconnier a du talent ; sans quoi il ne serait pas braconnier. Pris un jour (une fois de plus) sur le fait — il s'agissait de faisans colletés — il fut amnistié, de justesse, pour avoir, à la lettre, risqué sa vie dans un incendie. Il y eut une pétition, chaleureuse, et qui fut efficace. Mon père n'était pas étranger à ce résultat heureux. Ce fut lui, en tout cas, qui annonça la nouvelle au principal intéressé :

— Nous sommes bien contents, père Verjus. Mais tâchez de n'y point revenir... tout au moins de quelque temps.

— Plus jamais, que vous voulez dire ! Pas de danger, allez ! Pensez-vous !

Trois jours après, Verjus était à la cuisine et faisait demander mon père.

— Faut pourtant que je vous remercie.

— Mais c'est fait.

— Que non ! Que non !

Et, avec un coup de coude, l'œil malin :

— C'est pas un faisan... C'est un lièvre.

Il ne s'est jamais corrigé. Chaque année, il avait son compte, faisait un stage à la prison de la rue Verte. Mais tant que les fils des voisins furent pensionnaires au lycée d'Orléans, jamais Verjus n'est entré en prison sans passer les voir au parloir. Il donnait gentiment les nouvelles : le père, la mère, la demoiselle... Et enfin la chronique du bourg. L'heure venue il prenait congé, serrait les mains des jeunes messieurs.

— Allons ! au revoir. Ça m'a fait plaisir... Pour moi aussi, voyez, c'est l'heure de rentrer en pension.

CHAPITRE XI

DE GAULE EN BERRY

Je n'irai pas jusqu'à prétendre que Verjus braconnait en plein bourg. Mais réellement, il l'eût presque pu, tant notre petite ville tenait, adhérait la campagne. Il y avait interpénétration, presque osmose. Chacune des trois grandes rues, approximativement parallèles, était ourlée d'une frange rustique, sur ses deux rives. Il y avait le côté des façades, des devantures, un peu gourmé, et l'autre, celui des cours, des jardinets, le côté des caisses à lapins, des fils de fer où séchait le linge. Même au plus noué du bourg, rares étaient les logis qui n'avaient au moins leur courette, pavée ou dallée de briques, leur échafaud à pots de fleurs, comme les fuchsias des dames Pellier. Et, très vite, tous ces arrières prenaient du large, respiraient et verdoyaient. C'était le charme de nos « Petits Sentiers », justement, entre la route nationale et la Loire, entre la Grande Rue du Bourg et la Grande Rue du Port. Un des côtés de notre maison s'ouvrait sur ces Petits Sentiers. Je leur ai vu, sur d'anciens cadastres, un nom qui donnait à rêver : *Chemin de Roanne à la mer.*

Ainsi Verjus, braco de la Croix-de-Pierre, pouvait-il collecter les lapins autant dire à sa porte même, dans les grumes des marchands de bois, dans les *charniers,* les meulons d'échalas pour les vignes. Ce qui ne l'empêchait pas, on l'entend bien, d'aller, de préférence, plus loin.

Je ne me propose pas de le suivre, du moins dans l'exercice de sa coupable industrie. Mais le moment me semble venu de nous rendre chez les paysans des écarts, les voisins, attachés à leur champ du Val, à leur lopin de la forêt, à leurs brandes déjà solognotes. Ce n'est pas perdre de vue notre clocher. Le bourg était leur point de ralliement, avec ses marchés et ses foires, ses auberges, son conseiller général. Ils se réclamaient de lui à l'égal des citadins, et je pense qu'ils avaient raison.

Sans eux, sans leurs bruyantes carrioles, sans leurs veaux, leurs cochons, leurs volailles, leurs voix puissantes, habituées aux vastes espaces, le bourg n'eût pas été vraiment lui-même, mangeur de viande qu'il était, buveur de lait, amateur d'omelettes beurrées : la petite capitale harmonieuse et aimée du ciel, frugale pas plus qu'il ne fallait, acheteuse, vendeuse à bon escient, habituée depuis des siècles à des échanges si naturels, conformes au bon ordre du monde.

Et pourtant, Dieu sait ! Tout n'était certes pas pour le mieux dans le meilleur des mondes possibles. On traversait alors une longue et dure crise agricole. Les « prix à la production », comme nous disons, étaient si peu rémunérateurs que l'homme de la terre devait s'échiner âprement pour tout juste joindre les deux bouts. Encore lui fallait-il, pour cela, se contenter d'un régime misérable où le pain bis, la pomme de terre, le caillé, le lard salé et les choux constituaient à peu près l'essentiel, sinon le tout de la nourriture. Si l'on eût, comme nos diététiciens d'aujourd'hui, fait le compte des calories quotidiennes dispensées par cette nourriture, l'honnêteté eût dicté un diagnostic à peu près général : tous ces ruraux, parents, enfants, souffraient d'un régime de carence ; autrement dit et pour parler en clair, ne mangeaient pas vraiment à leur faim.

Je ne suis pas diététicien, ni d'ailleurs économiste. Mais j'ai encore assez de mémoire pour me rappeler que les cas de scorbut n'étaient pas rares à la campagne, même dans le Val relativement moins pauvre ; pour me souvenir, aussi, de la douzaine d'œufs à douze sous, de la livre de beurre à seize, des haricots à douze ou treize centimes le litre, et le reste à l'avenant. Lorsqu'une paire de poulets de grain, tendres, dodus — je dis bien : une paire, liée par les pattes, et cela pesait lourd — faisait cent sous sur le marché, les ménagères hochaient la tête : « Où allons-nous ? Où allons-nous, ma bonne ? » Quand au vin, trente francs pour une pièce de vin rouge, un tonneau de 225 litres, c'était considéré comme un cours honorable. Et je me rappelle une année où les vins blancs du Val de Loire, dans une région de crus plus capiteux que les nôtres, entre Saumurois et Anjou, s'offraient à cent sous l'hectolitre, un sou le litre pour les façons, les binages, la taille, les traitements, la vendange ; et le reste pour vivre, pour manger, pour se vêtir.

On eût compris, dans de telles conditions, une véritable désertion des campagnes. Car « désertion », c'est vite dit. Il s'agit bien plutôt d'une fuite devant le dénuement, la misère, et encore : limitée aux individus en surnombre, à ceux qui eussent risqué de devenir des « bouches inutiles », les filles surtout qui, même en s'échinant sur la glèbe, n'eussent pas été assez robustes pour gagner, les pauvres, leur « pitance ». Aussi, dès treize ans, quatorze ans, entraient-elles « en condition ». Quelquefois comme servantes dans une ferme du voisinage, et leur sort ne s'améliorait guère ; plus souvent, de plus en plus souvent, au bourg, bonnes chez de petits commerçants, de menus rentiers, de modestes bourgeois.

Vingt-cinq ou trente francs par mois, vingt sous par jour, et des journées de quatorze heures. Pourtant, la moindre de ces « bonnes places » était l'objet de convoitises que la comparaison expliquait : tant il est vrai que tout est relatif, même le bonheur.

Je voudrais, là aussi, témoigner. Il y avait des maîtresses dures, bornées, imbues d'un sentiment de supériorité héréditaire, ou racial, et d'autant plus odieux qu'il était moins justifié. Mais beaucoup, en revanche, même si leurs exigences réclamaient un service pénible, même si leur sollicitude ne s'embarrassait guère de certaines considérations matérielles, de la mansarde sous le toit, glaciale l'hiver, torride l'été, prenaient pourtant de ces enfants exilées, de ces petites paysannes perdues un souci spontané, généreux, obscurément ou consciemment maternel, qu'on leur rendait en dévouement, en émouvante fidélité.

Elles-mêmes, alors, je l'ai dit, ignoraient le douillet confort auquel nous sommes habitués. Pas de chauffage central. Même dans la bourgeoisie aisée, on ne chauffait, et par les plus grands froids, que les chambres des vieillards. Pas d'eau courante : la cuvette et le pot à eau. Quels Spartiates, comparés à nous, à conditions semblables ou similaires, que nos grands-pères et nos grand-mères !

J'ai vu vivre à mes côtés, pendant quarante-six années, l'une de ces servantes paysannes. Quand elle est venue à la maison, j'avais huit ans, elle vingt-trois. Elle était plate, musclée, sans grâce, mais avec un beau visage clair, un beau regard limpide et doux. Très vite, d'emblée, nous avons connu sa famille ; et ensuite, peu à peu, nous avons refait connaissance, comme pour éprouver à loisir le bien-fondé, l'aloi d'une estime réciproque : le père, la mère, les sœurs, les neveux. Aucun de ces gens-là ne serait venu au bourg sans s'arrêter dans notre maison ; c'était la leur, puisque c'était celle de Clémence.

Chaque vendredi, jour de marché, elle recevait, elle recevait *chez elle ;* nous compris, car nous étions conviés. Souvent aussi, les soirs d'hiver, à la nuit pleine, le père passait. C'était un grand vieillard en blouse, en ce temps-là septuagénaire, de fière allure, de noble visage, déjà secrètement miné par le cancer dont il devait mourir. Il regagnait sa petite maison du Val, distante de quatre kilomètres. Il venait de bûcheronner en forêt, à six kilomètres au-delà : six et quatre, cela ferait dix. Il les avait déjà parcourus le matin, avant l'aube, pour aller à son travail. Donc, vingt kilomètres en tout. Entre ces deux trajets, une journée de bûcheron.

Sent-on ce que cela représente ? Qu'on me pardonne, je ne le crois pas. Cela fait partie, comme la guerre, de cette sorte d'expériences intransmissibles qu'il faut avoir vécues soi-même, avec sa chair. J'ai parlé de prix, tout à l'heure. En voici d'autres, ou plutôt des salaires : 1 franc le stère de bois cubé ; 25 centimes pour abattre un arbre ; 50, si l'arbre dépassait un mètre de circonférence. A de pareils tarifs, il fallait être un bourreau de travail pour gagner trente sous par jour. On citait en forêt, comme des champions, des bûcherons qui parvenaient — pas tous les jours — à se faire leurs quarante sous.

Le vieil homme qui passait, éreinté, avait peut-être arraché vingt-cinq sous à son chantier de la forêt. Il avait déjeuné, sur la coupe même, par le gel ou sous le grésil, à l'abri d'une pile de bois, d'un gros quignon de pain de seigle, d'un hareng saur et d'un bout de fromage passé, couleur d'ambre, dur comme le bois que fendait sa cognée. Que les deux œufs mis au plat par Clémence, le *canon* de reginglard et le verre de café noir devaient donc lui être bons ! Il s'essuyait la bouche du revers de sa main dure, approchait son visage de celui de sa fille, sans jamais l'effleurer des lèvres. Quelle dignité dans les attitudes respectives, la tendresse retenue du père, l'humilité fervente de la fille ! Le grand paysan s'en allait, ragaillardi par « un air de feu » et le cœur réchauffé, aussi, d'avoir revu sa Clémence « bien chez elle », au soir d'un jour pour elle paisible où elle avait gagné, devant son fourneau ronflant, autant que lui dans la forêt.

Je retrouverai Clémence lorsque nous reviendrons au bourg. Aventuré sur ses confins, pas bien loin, aux limites qu'atteindrait en la prolongeant un peu, aux derniers feux du crépuscule, l'ombre tournante de son clocher, je voudrais y rester encore, au moins ce soir.

Car nous sommes là dans des temps légendaires où m'a ramené, sans doute, ce vieux soldat. Il avait servi en Afrique, peut-être parce qu'en « tirant au sort » il avait « sorti un mauvais numéro » ; peut-être parce qu'il s'était « vendu », comme remplaçant, alors qu'il en coûtait, pour « s'acheter un homme » à la caserne, un peu plus de deux mille francs. Alors sa future femme, qu'il ne connaissait pas encore, gardait un troupeau de brebis aux lisières des bois de Sologne. Temps de loups, temps d'une misère encore plus dénuée où ces malheureuses gamines, nourries de lait caillé et de pommes de terre bouillies, redevaient parfois sur leurs gages, à la fin de leur contrat, pour une brebis égarée ou ravie, un argent qu'elles ne pouvaient payer. Alors elles s'acquittaient en prolongeant leur servitude, jusqu'à la prochaine *louée* de la Saint-Jean, de la Toussaint... Comme en devient poignante, dans son humour désabusé, résigné, une vieille chanson paysanne comme celle-ci, que fredonnait Clémence :

Viens, viens, viens, viens, pauvre malheureuse !
Je te prends où qu'i' n'y a guère,
Je te mène où qu'i' n'y a ren.
Tu n'y f'ras point la misère,
Mais tu l'entertindras ben !

Chanson de noces quand même, scandée au nasillement de la vielle. Mais, Dieu merci, disait Clémence, aujourd'hui on vivait mieux. Le mauvais « règne » était fini.

Voire... J'entends encore le ton de rêve, la voix de récitante, comme dans une sorte d'état second, que prenait Clémence devenue vieille quand sa mémoire l'entraînait en arrière : ainsi parlait-elle de sa sœur, petite servante de ferme, piquée par une vipère au temps de la fenaison... « Vivrait-elle ? allait-elle mourir ? Ah ! tant mieux. son sang avait pris le dessus. » Mais la pitié, les soins des hommes ? Le ton était exactement le même lorsqu'elle contait l'histoire d'une chienne que l'on avait empoisonnée, « parce que des voisins en avaient donné une autre, bien meilleure pour les vaches que la vieille. On lui a donné le poison dans sa boulette de fromage blanc. Heulla ! Qu'elle l'a vite avalée ! Grand-mère m'a dit : — T'as pas vu la chienne ? All' peut pas finir. Je lui ai dit : — Pourquoi que vous me dites ça ? Elle n'aurait pas dû me dire ça. J'étais déjà nerveuse, bonnes gens ! Ça m'a donné un tremblement qui ne voulait plus me quitter. »

Et, en face de cela, l'extase : « Tous les ans Stéphanie Dezamats, l'épicière de Bétilly (sa petite commune natale) faisait une grande loterie avec des billets à deux sous. Le gros lot, c'était un bébé, une poupée. Les poupées, j'en étais folle. Je me rappelle un de ces bébés, oh !... Si je l'avais gagné, celui-là, j'aurais été en Paradis. » Son visage s'altérait, l'ombre d'un grand chagrin, d'un deuil attristait ses yeux transparents. Et elle achevait : « C'est un commis-voyageur qui l'a gagné. » Un voyageur, un passant, un homme... Que le monde peut donc être mal fait, quelquefois !

Mais il est vrai : progressivement, petit à petit, le sort du paysan commençait à s'éclairer, à s'alléger. Louis de vingt franc par louis de vingt francs, certains livrets de caisse d'épargne, serrant leurs pages sous des plats de toile verte, avec le nom du titulaire moulé en ronde sur une étiquette jaune, arrivaient à être complets : quinze cents francs, une petite fortune : les premiers ceux du Val fertile, avant ceux des forestiers, des Solognots.

Terres de défriches, d'alluvions, de landes, de coteaux à silex, terres de rive droite, terres de rive gauche, le bourg régnait sur un changeant petit royaume, drainait vers ses marchés des flots de blouses qui ne se ressemblaient qu'en apparence. Pas plus que l'habit le moine, la blouse ne fait le paysan. Entre les abatteurs de chênes, rudes et francs, violents, frondeurs, prolifiques, et les prudents, les sages, les ménages cultivateurs du Val, il y avait une frontière, la Loire. Au nord la Gaule, au sud le Berry. Passer le pont, c'était « aller de Gaule en Berry ». Ainsi disaient encore les riverains, aux années de mon enfance.

D'où venait, pour le bourg lui-même, un surcroît d'accent, de couleur. Et cela me ramène à l'une de mes premières remarques, et j'y vois une confirmation du sentiment que j'ai exprimé : à la fois quant à l'intérêt de ces petites communautés humaines inépuisablement diverses, et quant à leur importance, en ce temps-là, dans l'ensemble et dans l'harmonie de la communauté française.

CHAPITRE XII

LE MARCHE SUR LES TROTTOIRS

Je m'étais proposé de dépeindre sans plus attendre ce déferlement des blouses, cette bruyante invasion terrienne qu'était naguère, pour ma petite ville, le marché du vendredi. Mais j'ai envie, auparavant, de pousser un peu plus loin la connaissance de ce monde rural que nous avons naguère amorcée, ne serait-ce qu'en écartant certaines idées reçues, tenaces comme tous les préjugés. Ainsi, l'âpreté paysanne, à la Zola, le Zola de *la Terre* avec ses possédés, avides jusqu'au-delà du crime. Mais cette avidité-là est-elle spécialement paysanne ? Ce n'est pas elle, assurément, que je retiendrais d'abord s'il me fallait caractériser, en peu de mots, la mentalité ou le tempérament paysans... disons paysans-français. Méfions-nous des observateurs, lorsqu'ils s'aident de carnets de notes ! Ils quêtent, ils fouinent, contents s'ils peuvent piquer, comme le chiffonnier du crochet, un détail savoureux ou rare, un trait qu'ils jugent révélateur. Mais il suffit, pour ce que ce trait devienne faux, de le monter en épingle, ou seulement de l'isoler.

J'en veux exprès rapporter un, où l'âpreté paraît évidente, mais que je suis tenté d'interpréter différemment. Il s'agit d'un garçon de la Bonne-Dame qui, après la mort de ses parents, avait troqué une parcelle de leurs terres contre une autre, qui lui convenait mieux. Pendant les semaines qui suivirent, le voisinage, toujours vigilant, eut l'occasion de faire plusieurs remarques. Aussi bien cette vigilance n'était-elle même pas nécessaire. Le sol des deux parcelles, bouleversé, retourné, fumait à l'aube de toute sa buée. C'est ici que le guet intervint, les yeux dans l'ombre, l'affût patient : on s'aperçut que toutes les nuits le garçon poussait la brouette, allant, venant d'une parcelle à l'autre, silencieusement, faisant rouler dans l'herbe une roue muette et bien huilée. On prévint alors l'échangeur, qui s'aposta dans l'un des champs, se dressa et surprit l'autre, le coupable non la main dans le sac, mais la terre à la brouette.

Car ce coupable, ou supposé tel, s'en expliqua vite et sans honte. S'il avait opéré la nuit, c'est qu'il ne voulait pas d'histoires, pas de palabres ni de discussions inutiles. Mais puisqu'il fallait s'expliquer, il s'expliquait. Ce qu'il avait troqué, c'était la surface, l'emplacement, pas la terre. Aussi bien une terre valait-elle l'autre, personne ne serait donc lésé. Ce qu'il ne pouvait supporter, c'était l'idée que la terre arable, façonnée par ses parents, ses grands-parents, fût cultivée par des bras étrangers. Alors, brouettée par brouettée, d'un champ dans l'autre, la nuit durant, il transportait, il échangeait les couches de terre, pieusement, avec le zèle des bonnes consciences et l'entrain des héritiers fidèles.

Rira qui voudra, j'ai dit le mot : fidèle. C'est un des maîtres mots de l'âme et du cœur paysans. J'en pourrais rapporter bien des traits.

Une autre qualité, deux autres communes à tout ce petit peuple, ruraux compris : la finesse et la gaieté. Rappelez-vous les surnoms, dont j'ai plusieurs fois parlé. Ces gens-là ne s'en donnaient pas à croire. Trois-Œils disait avec bonne humeur : « Mieux vaut bigler que d'être borgne. » Fit-il pas mieux que de se plaindre, ou plutôt de se fâcher ?

Cette finesse, très lucide et très sage, trouvait le mot juste et la nuance, unissait la verdeur et la verve. Car voilà encore une légende, et mensongère : celle du paysan taciturne, renfrogné, pas « causeux ». C'est le contraire qui est la vérité. Car le proverbe est vrai, lui aussi, qui, pour prendre les mouches, déconseille l'usage du vinaigre.

Ou celui de la condescendance. Témoin ce cantonnier, cantonnant au bord de la route, auquel un promeneur avantageux demandait :

— Combien de temps, brave homme, pour gagner le village là-bas ?

Et le brave homme, en soulevant une épaule :

— J'en sais rien.

— Vous n'êtes pas du pays ?

— Que si.

— Et vous n'en savez rien ?

— Que non !

Impossible d'en tirer autre chose. Le promeneur s'en va, de guerre lasse, pestant contre le malotru. Il n'a pas fait vingt mètres qu'il s'entend interpeller :

— Une petite demi-heure, m'est avis !

Il se retourne, pour voir un cantonnier non pas hilare, à peine souriant, juste guilleret du coin de l'œil.

— Ne pouviez-vous le dire plus tôt ?

— Ben non ! Fallait-il pas, d'abord, que j'mesure vot'e pas à l'estime ?

Que voulez-vous, chacun s'arrange. Si c'est le plus fort qui gagne, il n'est pas mauvais, non plus, que le plus fin ne perde pas. Ainsi, voyez, le Solognot. Petit fermier, petit métayer, journalier, presque toujours il dépend d'un propriétaire, d'un bourgeois. Bourgeois, c'est le nom qu'il lui donne ; à moins que, « parlant à sa personne », comme disent messieurs les huissiers, le *couémiau,* le chapeau à la main, la voix ultra-révérencieuse, il ne l'appelle « notre Monsieur ». Et qu'il n'existe au monde qu'une seule autre créature pour partager ce privilège, pour être appelée, comme le bourgeois et du même ton, « notre Monsieur », et que cette créature soit le cochon du Solognot, simple coïncidence, bien sûr, et le Solognot n'y peut rien.

Il y a du gibier en Sologne, chacun sait ça. La terre est au propriétaire, d'accord. Mais le gibier n'est à personne : *res nullius,* dit Monsieur le Curé. Encore faudrait-il s'entendre. Qui donc le nourrit, ce gibier ? Le bon Dieu, ou le Solognot ? Chacun a ses soucis, allons ! Notre Monsieur, quand il mène sur la route son cheval Buffalo attelé à son tilbury, son souci, tout le monde le connaît : c'est que personne ne le rattrape, ni maquignon, ni propriétaire voisin. Depuis qu'il a quinze ans, il est comme ça. Dès que son trotteur baisse de pied, vite, un autre ! Et toujours Buffalo, naturellement... A part ça, il est un peu distrait, dans la lune. On peut tenter sa chance avec lui. Comment ? Choisissons un exemple ; à propos du gibier, justement. Voici :

— Qu'est-ce qui ne va pas, Boutonnet ?

— Ben, notre Monsieur, *vos* lapins.

— Encore ?

— J'y peux-t'i quelque chose ? Ils sont entrés à nuit dans mon champ de la Patte-d'Oie, et ils ont mangé mon blé. Le blé, en Sologne, c'est le seigle. Il faut dire, pour le blé : le froment.) Faudrait estimer les dégâts ; et puis grillager, crainte de pire.

Aussi bien l'un que l'autre, les deux hommes connaissent le refrain. A travers les mots qu'ils disent, des pensées planent entre eux, qu'ils taisent : le juge de paix, le député de gauche, une jurisprudence fâcheuse (songe l'un), mais constante (se réjouit l'autre). On sacrifiera aux rites, on y mettra le temps qu'il faudra ; mais, d'avance, la conclusion est écrite, *mektoub !* Le bourgeois indemnisera, entourera le champ d'un grillage : un mètre de haut, un *bavolet* de 50 centimètres par-dessus, pour arrêter décidément et rejeter à l'extérieur les lapins qui, par impossible, auraient réussi à grimper. Néanmoins, dès le lendemain...

— Ah ! Notre Monsieur, c'est pas croyable !... A tomber fou... *Vos* maudits lapins...

— Quoi encore ?

— A la Patte-d'Oie...

— Mais quoi ? Mais quoi ?

— Ils en ont, du vice !

— Ils ne sont pas passés, quand même ?

— Justement si... Comprenne qui prouve !

Comprendre, il le peut, le finaud. Mieux que personne. Il est allé, à la nuit faire, dans la rumeur des pineraies balancées par le vent d'ouest, ménager sous le grillage neuf des *meusses*, des passées bien dissimulées, mais que les garennes savent trouver. Il a laissé aux longues-oreilles tout le temps nécessaire pour entrer dans le champ de seigle. Alors seulement, il a rebouché les meusses. Après quoi, consciencieux, magistral, le cœur gonflé d'une énorme joie, le Solognot a « fait le grillage ». Cela veut dire qu'il l'a enjambé, portant son corniaud dans ses bras, son chien bâtard, sans race, mais discret, hardi, efficace ; en somme, merveilleusement dressé.

Les voilà donc dans le champ, l'homme, le chien et les lapins, sans témoin que les nuages au ciel. L'homme lâche le chien, le lance et l'encourage tout bas, poussant son souffle entre ses dents :

— Pille ! Pille !

Et c'est vite fait. Une forme sombre, velue, qui bondit, qui va donner du museau, à toute vitesse, dans le grillage. Mais, à chaque fois, il y a un piaulement aigu, instantanément étouffé. Et à chaque fois aussi, à une, à deux secondes près, la main de l'homme est là qui cueille à la gueule du corniaud un petit corps aux reins brisés et l'envoie au fond d'un sac. Quand le dernier lapin est mort, l'homme reprend le chien dans ses bras, repasse avec lui le grillage. Demain, ou mieux cette nuit même, il vendra *ses* lapins à un receleur discret. Et personne, désormais, ne devra plus rien à personne ; sauf, bien sûr, « notre Monsieur », pour les nouveaux « dégâts de gibier ».

« Niais de Sologne, dit un vieux chroniqueur, qui ne se trompent qu'à leur profit. »

Pour ces gens-là, côté Berry, pour leurs voisins du Val de Loire, pour les Gaulois de la rive droite, le marché du vendredi, en même temps qu'un marché en effet, des plus actifs et des plus animés, était une fête, une cure de sociabilité, une réjouissance. Notre maison avoisinait un carrefour. Bordant la rue qui monte du pont, du sud au nord, elle était à vingt pas de la route nationale est-ouest. De sept heures du matin à la nuit, le flot des voitures montant, descendant ne cessait pratiquement pas. Torrentueux, bruyant, hennissant, aboyant. Car les voitures à chiens abondaient, voitures pour femmes seules d'ordinaire, la passagère en bonnet à genoux sur les planches du fond, excitant ou calmant son labri de la houssine ou de la voix.

Les veaux meuglaient, debout entre les ridelles. Ils avaient leur marché matinal, leur halle à eux. Plus qu'au marché franc du chef-lieu, c'était là que se faisaient les cours. Quant à Paris, n'en parlons pas. Pauvres veaux mâles, en ce pays sans bœufs, voués au boucher dès la fleur de leur âge ! Il y en avait des centaines, emplissant le quartier de leurs voix lamentables. Je me revois, dans cette cohue de blouses, de pelages roux et blancs, de tendres mufles, la main dans celle d'un lointain cousin, parti jeune homme pour les Amériques et revenu, vieilli, pour quelques mois, retrouver l'air du pays. Je me rappelle la joie éberluée, l'émerveillement qui l'illuminaient, ranimés de pas en pas, le long des rues. Les trottoirs de toute la Grand'Rue, du Château à la Croix-de-Pierre, débordaient sur la chaussée. Deux trottoirs sur un kilomètre, sans parler de la halle aux grains, aux porcelets, du champ de foire où trottaient, tenus à bout de longe par les valets des maquignons, les percherons à la queue tressée de paille. Des flaques, des mares, des étangs de légumes, de volailles, de lapins, de beurre, de fromages, d'œufs croulants, de chevreaux à la saison. Chaque quartier avait sa voix, son odeur : celle du cati, près des étalages de rouennerie, celle du châtaignier mêlée à celle du vernis dans les parages de la boissellerie, des barattes, des baquets, des barils.

Que de thèmes, que de prétextes à symphonies pour les lorgnons attentifs d'un Zola ! Que n'a-t-il flairé, goûté les fromages blancs de Saint-Benoît, ou ces disques plats et suintants, barbus de longues herbes brunes, qu'on appelait des fromages au foin ! C'est près de là que nous trouvions nos friandises, l'hiver les *cartes de sirop,* cuisses de noix enrobées de mélasse, dans de petits bacs de papier empruntés à de vieux cahiers d'école, l'encre bleue, l'encre rouge déteignant à travers la mélasse, les dents durablement collées par le papier, le caramel. Et les premières cerises du printemps, grelots vermeils accrochés en bouquet à la hampe d'un bâtonnet, avec, en pointe, une fleur de trèfle. Délices du vendredi, inoubliables débauches à un sou !

Et la rumeur, les voix, les rires tonitruants, les coups de cloche annonçant l'ouverture d'un marché ! Tout se traitait de gré à gré, sur parole, à grands « tope-là ! », à pleine largeur de paumes. Et cochon qui s'en dédisait ! Mais qui s'en fût dédit ? Personne. On dételait dans les cours, chez le charron, chez le maréchal, chez le charcutier aubergiste. Les carrioles tombaient sur leur brancards, chaque cheval avait sa « case », un box de planches appuyé contre un mur, un anneau scellé pour le licol. Des alignements de cases, des mines de crottin, où chacun, l'heure du retour venue, savait retrouver sa bête.

Mais avant, on avait fait son plein : de cordialité, de manille, de billard, de fumée, de paroles. « On déjeune, gars ? — On déjeune... » On s'attablait, à dix, à vingt, dans l'arrière-salle du charcutier. Deux sous de pain, du pain blanc, du pain tendre ; deux boulettes de viande en sauce, à deux sous l'une ; le quart d'un fromage à huit sous ; trois sous pour une chopine de rouge. Faites le compte : il y en avait pour onze sous. Mais on s'en pourléchait encore, on s'en congratulait jusqu'au milieu de la chaussée, entre les roues des premières voitures réattelées pour le retour : « Bon d'là ! On a bien déjeuné ! »

On était gai, mais raisonnable. On allait « ratteler » à son tour. Mais il se trouvait des lurons, des acharnés, des paniers percés. Ainsi, entre autres, Bicanelle.

CHAPITRE XIII

CINQUANTE ANS DE SERVITUDE

A Bicanelle, quelle chopine eût suffi ? Il était de ces buveurs fameux qu'on devrait dire institutionnels. Ma petite ville était très fière de l'orangerie de son château, du mausolée de Phélypeaux de La Vrillière, dans son église, et de quelques poivrots remarquables, dont Bicanelle.

C'était un homme du Val, grand, sec, barbu, à belle tête de modèle italien, qui me faisait penser, dans mon enfance, au Vitalis de *Sans Famille.* C'était un temps où la plus vertueuse, la mieux intentionnée des propagandes « antialcooliques » s'accommodait fort bien de la diffusion la plus large et, semblait-il, la plus prospère des spiritueux les plus nocifs. Le pochard dans la rue était un spectacle banal, mieux propre, si l'on ose dire, à provoquer l'hilarité des foules que l'horreur de l'alcool en la personne de l'ilote ivre. Pour moi, bon petit élève, visuel, imaginatif, je voyais ces malheureux trimbaler, au secret de leurs entrailles, un foie boursouflé, monstrueux, tel qu'en montraient les tableaux muraux affichés à la Grande Ecole ; et je détournais vite la tête dans la crainte de les voir éclater. Mais presque tous ces biberons mémorables ont atteint un âge avancé, quatre-vingt-dix ans ou presque en ce qui concerne Bicanelle.

Je veux conter l'un de ses derniers vendredis, dans le souci d'objectivité qui doit être celui du témoin, comme un écho, lui aussi fidèle, des réjouissances du marché. Ce souvenir-là est relativement récent, puisqu'il date de l'après-guerre, 1920 peut-être... Il pouvait être dix heures du soir. Je travaillais. L'envie me prit de trotter quelques pas, jusqu'à la Loire, et de respirer l'air des grèves. C'est deux ou trois cents mètres peut-être. Au moment où j'abordais le pont, une automobile me dépassa ; je vis la blanche lumière des phares éclairer toute la perspective, jusqu'à la culée opposée. Je vis aussi, juste au milieu du tablier...

Mais quoi au juste ? C'était trop loin encore pour que je pusse bien distinguer. Cependant, l'auto ralentissait, s'arrêtait. La nuit était déserte, silencieuse, le moindre bruit prenait une ampleur, une netteté vraiment saisissantes : le ronron des pneus au ralenti, le claquement de la portière, les pas de l'homme qui venait de descendre. Tout cela au cœur de la nuit, dans une clarté de projecteurs. J'avais naturellement poursuivi, même en accélérant l'allure, car la conjoncture m'intriguait. Le voyageur, penché, parlementait, ou plutôt monologuait. Je distinguais toutes ses paroles :

— Hé ! L'homme ! L'ami !... Qu'est-ce que vous faites là ?... Levez-vous ! Je voudrais passer...

Puis un silence, plusieurs silences. Et, entre chacun d'eux, les reprises de la voix solitaire, qui commençait à s'énerver un peu :

— Vous êtes malade ?... Vous n'êtes pas malade ?... Vous êtes sourd ?... Est-ce que vous m'entendez, bon Dieu ?...

Je commençais à m'y reconnaître. Il y avait un homme sur le pont, indolemment couché, appuyé sur l'un de ses coudes. Juste au milieu du pont, au point exact qu'il fallait pour interdire tout passage. Aussi bien, pour que le barrage fût complet, en avait-il garni les interstices d'objets divers, que j'identifiais un à un, car j'étais à présent tout près : d'un côté une bicyclette, de l'autre une paire de sabots neufs, des paquets de bougies éventrés, un sac de riz qui perdait ses entrailles et, deux fois morfondus d'être à sec sur un pont de rivière, un chapelet de harengs saurs. J'entrai moi-même dans la lueur des phares, me penchai vers le gisant et dis alors :

— C'est Bicanelle !

— Je suis content de le savoir, fit l'homme de l'automobile. Quand même, je voudrais bien passer. Je vais à Bourges.

Et il entreprit de nouveau de parlementer, de convaincre. J'eus toutes les peines du monde à l'amener, cet aimable voyageur de commerce, à une compréhension plus raisonnable et plus exacte. Et pourtant, rien n'était plus clair. Baigné dans l'éclatante lumière, prodigieusement indifférent aux vagues ombres penchées vers lui, au bruit futile de leurs voix, Bicanelle jouait aux cartes. Fatigué de pédaler dans l'ombre pour maintenir un précaire, un impossible équilibre, il avait, lui, Dieu merci ! et de chute en chute, compris, sorti des cartes et repris la partie.

Admirable, exemplaire bon sens ! Il avait, pour table de jeu, tout le tablier d'un pont. Et il gagnait ! Infailliblement ! Royalement ! Et il était heureux, cet homme, ivre de contentement plus encore que de gris-meunier. Le vent de mars pouvait souffler, l'énorme Loire en crue dévaler sous son ventre, il jouait aux cartes, jubilant de battre Badingue son partenaire et rival habituel, Badingue invisible à nos yeux, mais seul réellement présent, j'en étais pour ma part convaincu : car tel était, cette nuit, au retour du marché, le bon plaisir de Bicanelle.

Nous le prîmes doucement sous les bras, le portâmes sur l'un des côtés, rangeâmes autour de lui, soigneusement, sa bicyclette et les débris de ses emplettes. L'inconnu reprit son volant, démarra. Je remontai vers la maison.

Comme j'abordais, après le quai, la rue déserte, une ombre la descendait, imperceptiblement vacillante, au demeurant massive et digne. A la lueur d'un lumignon municipal, je pus entrevoir son visage. Dieu soit loué ! c'était Badingue. Je lui signalai, sur le pont, la présence de Bicanelle : « vers la troisième pile, à droite ». Aucune erreur sur la personne. A travers la distance, je confiai ce vieux camarade à son sérieux, à son amitié, le quittai presque au bord des larmes. Quand j'atteignis le seuil de ma maison, j'entendis là-bas, vers le Val, à travers la rumeur de la Loire, deux voix unies, fausses, mais gaillardes, entonnant une chanson de marche qui les conduirait, la Providence aidant, chez eux, l'un à trois kilomètres plus loin, l'autre à cinq.

Un émule de Bicanelle, c'était Léon, vieux cocher, vieux serviteur. Voilà une forme d'artisanat que je m'en voudrais d'oublier. Léon vient à propos, discrètement, me la rappeler. Il était admirablement stylé. Je pense qu'il adorait les enfants. Quand il me rencontrait, il ne manquait jamais de s'informer : « Vos papa-s-et-maman vont bien ? » Impressionné par ce pluriel, je répondais : « Ils vont tous bien. » Ses maîtres, les Depussay, aussi âgés que lui, étaient de délicieux vieillards, indulgents, souriants et bons. Ils habitaient dans un petit château à deux kilomètres du bourg, sur la rive d'un bel étang. Monsieur, ancien Parisien, tout à fait conquis par la campagne, arpentait ses bois et ses champs. Madame, moins bonne marcheuse, ou plus sociable, se faisait conduire au bourg, chez quelque amie ravie de l'accueillir, pendant que le fidèle Léon se chargeait des « commissions ».

A l'heure et à l'endroit convenus pour le retour, il était là, toujours ponctuel, au port du fouet sur le siège du break. Un peu trop raide, toutefois, un peu trop rouge, et l'œil de Mme Depussay, très exercé, ne s'y trompait point. Elle se glissait vers le marchepied arrière, dans l'espoir de s'installer sans aide. Plaise au ciel ! Il eût fait beau voir ! Léon était là, empressé.

— Que Madame s'appuie sur moi !

L'instant d'après ils étaient par terre, tous les deux.

— Ah ! mon pauvre Léon, voilà encore que vous avez bu !

— Madame se trompe, disait Léon, plus raide et plus digne que jamais.

L'embarquement une fois réussi, tout allait bien. Pas toujours, non, pas toujours. Il fallait, pour rentrer au château, passer sur la grand'place, la place d'Armes, vaste, ronde, et de surcroît carrefour de routes en étoile. En ce temps-là, en cet heureux temps-là qui ne connaissait pas son bonheur, pas de monument aux Morts sur l'esplanade dénudée, ensoleillée. Le vieux cheval commençait à tourner, nonchalamment, passait devant une première route, une seconde qui était la bonne, juste au moment où Léon, agacé de ce train somnolent, lui effleurait le col de sa mèche en criant « hue ! » d'une voix retentissante. Et le cheval brûlait la route. Après, mon Dieu, il y avait encore d'autres routes. Mais laquelle ? Une fois, deux fois, l'attelage faisait le tour de la place d'Armes. Un peu ensommeillée aussi, la voix de Mme Depussay interrogeait du fond du break :

— Est-ce que nous approchons, Léon ?

— Que Madame m'excuse, disait Léon. Mais nous sommes encore sur la place.

Alors une petite main à la mitaine de fil noir soulevait légèrement le rideau.

— Voici la route, mon bon Léon... Oui, celle-ci.

— Madame est sûre ?

— Absolument sûre ?

Et Léon de tirer sur les guides. Le vieux cheval saurait bien désormais, tout seul, arriver à l'écurie. Enfin, oui... pas toujours non plus.

Au soir d'une journée torride, une sensation de vive fraîcheur, épousant soudain son séant, éveilla Mme Depussay. Elle entrouvrit les yeux et assitôt jeta un grand cri : jusqu'aux moyeux des roues, le break était dans l'eau de l'étang. Le cheval avait soif. Au lieu de suivre la route, il avait descendu la pente douce de l'abreuvoir. Et, les naseaux ronflant d'aise, il se désaltérait son saoul. Léon, lui, sur son haut siège, n'en avait eu que jusqu'aux pieds.

J'ai parlé de Juliette, la blonde et plantureuse Juliette dont rêvaient, sous les combles, les grands pensionnaires du père Puy. Pour toute la ville, elle était Juliette Puy. Comme Euladie, la servante de nos vieux amis Pellier : Eulalie Pellier. Comme Aimée, la servante du médecin ; comme Ernest, le cocher de Mme Lancelot, que nous rencontrerons ailleurs ; comme Adrien, le « vaque-à-tout » du vétérinaire ; comme notre Clémence enfin.

Si le loisir m'en est donné, je voudrais et j'espère dire un jour, aussi simplement que possible, les petits drames, à peu près quotidiens, de ces existences « aliénées », qui sans doute feraient un grand drame, retenu, discret, pathétique. La vie, les mois et les années tissaient des liens nouveaux, sensibles, sans rompre pour autant les anciens. Que de tiraillements douloureux, que de petites déchirures saignantes ! Pour toute la ville aussi, Clémence avait perdu son nom. Elle était Clémence Genevoix.

La gratitude que je lui dois, l'hommage que je voudrais lui rendre, une fois déjà, une seule fois dans ma vie d'écrivain, de romancier, m'ont conduit à puiser dans mes souvenirs personnels. Un jour, j'ai tracé un portrait, une première esquisse de Clémence que j'ai voulue fidèle et tendre. Je l'ai tracée de son vivant. Cela ne m'a pas réussi.

L'occasion, ç'a été un livre où les humains n'apparaissent qu'en second plan, le héros en étant un chat, le chat *Rroû*. Ainsi pouvais-je, dans une exceptionnelle liberté, me soumettre à mon objet, insoucieux des transpositions que m'eût imposées un roman, un drame à personnages humains. Et il est arrivé qu'un jour, avec l'agressivité des timides qui décident d'aller de l'avant, Clémence m'a, si je puis dire, « cherché ».

— Qu'est-ce que c'est, m'a-t-elle dit, que cette *espèce de* livre que tu écris en ce moment ?

Le ton de la question, joint à son caractère insolite, m'a mis tout de suite la puce à l'oreille. Jusqu'à ce jour, ai-je besoin de le dire ? Clémence s'était montrée immensément lointaine, indifférente au-delà du concevable à l'égard de ce que je pouvais écrire, ou d'ailleurs ne pas écrire. Mais cette « espèce de », tout à coup... Je vis ou j'entrevis, dès cet instant, la vérité.

— Bon, lui dis-je. Si tu me le demandes, c'est peut-être que tu le sais déjà. Tu auras surpris — sans le vouloir, je le reconnais — des propos que nous échangions à table. Mais cela t'a conduite à commettre plusieurs péchés. D'abord celui de curiosité. Tu as profité de mon absence pour te glisser dans mon bureau et pour lire, sur ma table, des feuillets que je n'ai jamais songé — remarque-le — à te cacher. Tu les as lus avec la hâte des mauvaises consciences. Et tu es allée t'imaginer (car c'est bien là, n'est-ce pas ? que le bât te blesse) que la Clémence de mon livre, c'est toi.

Ici, je fis une pause, le temps de constater que j'avais en effet touché juste.

— Eh ! bien non, tu t'es trompée. Si en effet, franchement, loyalement, tu m'avais exprimé le désir de lire ces feuillets, je te les aurais tendus moi-même. Alors tu les aurais lus dans le calme, le sang-froid, la sérénité des bonnes consciences. Et tu te serais vite aperçue que la Clémence de mon livre est bonne, intelligente, généreuse, et, par-dessus tout, discrète... Tu vois bien que ce n'est pas toi.

J'ai cru ainsi en être quitte. Quelle était mon illusion ! Quinze jours après, elle est revenue à la charge. Et de quelle sorte ! Le marché en main, un véritable ultimatum. Elle m'a dit :

— J'ai bien réfléchi. Je ne veux pas que tu publies ce livre. *Je ne veux pas que le monde rie de moi.* Tu m'as reproché de n'avoir pas été loyale. Eh ! bien, tu vois, cette fois je vais l'être. Si, quand même, tu le publies, ce livre, ça me fera beaucoup de peine, mais tant pis ! Je partirai.

Vous le voyez, c'était très grave. Heureusement

j'ai trouvé la parade. Une inspiration soudaine ; magnifique, cela arrive... Risquée, mais vraiment magnifique. Je lui ai dit :

— Je publierai mon livre. Et alors... De deux choses l'une : ou tu ne réaliseras pas ta menace. C'est le mieux, nous passerons l'éponge, tous les deux, nous oublierons. Ou tu la réaliseras, tu auras le cœur de partir. Alors tant pis, tant pis à mon tour : J'ajouterai un chapitre au livre !

Elle est restée, la chère et sainte fille. Naturellement.

CHAPITRE XIV

MILLE HUIT CENTS FRANCS DE RENTE

Ce petit drame n'eut pas d'autres suites, du moins d'ordre aussi brûlant. Mais peut-être certaines conséquences. Sait-on jamais ? Même dans cette unique aventure, il y avait sans doute matière à des réflexions intéressant ma vie, mon travail. Qu'une esquisse, un portrait « d'après nature », la copie d'un modèle donné m'aient valu pareil retour de flamme, n'était-ce pas pour me démontrer, une fois de plus, que l'art « ajoute à la nature », qu'il « commence à la déformation », autant de formules différentes pour une même vérité première ? « Le meilleur peintre de Florence, dit Balzac, n'est jamais allé à Florence. » Boutade, mais d'un romancier de génie, le plus menteur, le plus déformateur qui soit, mais pour plonger, plus profondément que les autres, à la conquête d'une certaine vérité, celle que le langage populaire, celui de Clémence justement, appelle « la vérité vraie ».

Mais il est temps de revenir au bon peuple de ma petite ville. Une figure familière, alors, à peu près disparue comme ces vieux serviteurs fidèles, solidaires à la vie, à la mort de la famille où ils servaient, c'est celle du petit rentier. J'entends : à cent sous par jour. Voilà encore un mythe, feue la pièce de cent sous, la thune, le beau disque d'argent qui claquait large sur la paume et pesait au fond du gousset. Unité, symbole, ambition, substantielle réalité aussi, rêve du pensionnaire allant embrasser sa grand-mère avant de rentrer au lycée, de l'employé, de l'ouvrier père de famille, de l'artisan à son établi, du boutiquier à son comptoir, du futur petit rentier, du Français.

Quand il économisait, sou par sou, quand il rognait sur les bouts de chandelle, c'était à sa thune quotidienne qu'il pensait : car le pain viendrait de surcroît, et même le beurre sur le pain. Et aussi à sa maison, à sa petite maison à lui, sa maison de propriétaire. Ce rêve-là, le Français le porte toujours en lui. Les *Sam Suffy,* les *Si Petite,* les *Do mi si la do ré* en témoignent. Mais l'autre rêve, celui de l'écu blanchoyant, rayonnant, l'instabilité monétaire l'a tué. Je ne crois pas que l'esprit d'entreprise, d'initiative, d'intelligente audace ait gagné dans l'aventure, si le jeune Français d'à présent pense « retraite », au lieu de penser

« rente ». Mais je ferme cette parenthèse-là.

Pour mille francs par pièce, à peu près, trois mille, quatre mille pour le tout, on avait une maison « d'occasion » ; pour le double, une pimpante maison neuve, construite en dur, avec des murs de quarante-cinq. Bien souvent, cette maison, le petit rentier la parait, l'achevait, la fignolait lui-même, tartinant les peintures et collant les papiers intérieurs : il appelait cela « papiéter ».

Ne le voyez pas trop vieux. Il vieillirait, assurément, et même il y comptait bien, assez sage déjà pour faire sienne la sentence des vieux du pays : « Le seul moyen qu'on ait trouvé de mourir tard, c'est de vieillir. » Mais il commençait jeune encore, vert encore. Il tenait à « profiter » longtemps de sa condition nouvelle. Oisif ? Non pas. Mais libre de soi, et même libre de travailler.

A quoi bon vivre « à la campagne », si la maison n'a pas son jardin ? Bêcher, sarcler, fumer, arroser, c'est profiter. Voilà où nos Sentiers, notre Chemin de Roanne à la mer, retrouvent encore leur gentillesse, leur amitié avec les hommes : cette double frange dont j'ai parlé, de fleurs rustiques, de laitues, de fraisiers. On a des poules, une mère lapine. On vit sur le fonds, on profite. Ce qu'il reste encore à acheter, qu'est-ce que c'est ? Peuh !... S'habiller ? Oui. Mais ce sont les gens de la ville qui se soucient de « représenter ». Ici, vraiment, ce n'est pas la peine. Pourvu qu'on soit propre, bien tenu, on n'en est pas à une reprise près.

Admirable économie ! L'habitude est prise et bien prise : même sur la route, on continue encore d'épargner, de mettre encore un peu de côté. Si le gramme d'or vaut trois francs dix, trois francs dix font un gramme d'or, au moins, car le franc national fait prime sur toutes les monnaies du monde.

Notre homme se lève de très bonne heure, passe son tablier de travail et descend à son jardin. Même s'il s'échine, il le fait pour lui, pour soi. Il trouve dans cette conviction, à travers sa fatigue même, ses bras raidis, ses reins courbaturés, une jouissance intime et secrète dont il ne se blasera jamais. A cause de cela, il est capable de braver jusqu'en ses retranchements derniers un respect humain pourtant bien tenace et bien fort : il ira, par exemple, une balayette et une petite pelle à manche court dans sa brouette (les ménagères, je crois, appellent cela une main de fer) recueillir dans la rue, le vendredi soir, le crottin frais abandonné par les chevaux de la campagne. D'autant plus digne, le lorgnon chevauchant le nez, qu'il se sentira regardé. Mais il se trompe, personne ne se soucie de lui, sauf ses rivaux et concurrents, les petits rentiers voisins, d'avance jaloux de sa récolte.

Ladrerie ? Sordide égoïsme ? Bien plutôt sagesse

positive, connaissance du cœur humain, juste notion de ce que peut pour l'équilibre, la paix, la prospérité des nations — facteur, moteur, aiguillon et frein tout ensemble — l'intérêt personnel bien compris.

Quelquefois, entre camarades, il avoue avec un sourire : « Depuis que je n'ai plus rien à faire, jamais je n'ai tant travaillé. » Mais voilà, il est rentier, il est libre. C'est une joie qui rejoint celle dont j'ai parlé tout à l'heure, jusqu'à se confondre avec elle : allégresse intérieure qui échappe à toute contingence, sentiment sans cesse ranimé d'une vie « qui ne doit rien aux autres »... Et si je dis, moi, petit rentier, les mains sur le manche de ma bêche et le menton appuyé sur mes mains, si je décide : « Demain, j'irai pêcher à la ligne », qui viendra me dire le contraire ? « Je suis mon maître. »

Il a ainsi toute une provision d'aphorismes, aussi grisants les uns que les autres. Et tenez... Du gousset de son gilet de laine, si reprisé qu'il en est cuirassé, il extrait sa grosse montre d'argent. Cinq heures bientôt : il est temps d'aller « s'apprêter ». Sa femme l'attend. Elle aussi a regardé l'heure. Elle a tout préparé dans la chambre : une chemise blanche, le costume « convenable ». Il y en a bien un autre, le costume « numéro un », noir, naphtaliné ; mais celui-là ne sort de l'armoire que pour les solennités. Là, c'est fait.

Un baiser rapide. « A tout à l'heure. » Et la rue.

Le rite commence dès le seuil, avec les rencontres prévues. Le *Café de la Ville* est au bout de la Grand'Rue, à un endroit où elle fait cul-de-sac, entre le tournant de l'église et le pavillon du château. Les passants ne sont pas si nombreux qu'on n'aperçoive déjà, du plus loin, les habitués de cinq heures : Thomé, Hardel, Mulot, Ducloux, ils vont tous, sans ralentir ni hâter le pas, assurés qu'ils sont de se rejoindre. Ils processionnent vers le jaquet, la manille, le billard, les dominos ; et surtout vers le poêle de l'hiver, les deux grosses lampes à suspension, le plaisir de se sentir ensemble, en « société », de palabrer, de rouler une cigarette, de mettre au point, chacun tour à tour écoutant, disant son mot, hochant la tête, la chronique de la journée.

Tout cela pour vingt-cinq centimes, le prix d'une consommation. Car on ne vient pas là pour boire. On n'est pas chez un mastroquet. Il y en a, où l'on siffle debout, selon l'heure, devant le comptoir de zinc, un mêlé-cass, un champoreau, un canon. Mais ce n'est pas la même clientèle. Celle du *Café de la Ville* est une clientèle « bien », à tendances républicaines. En principe, les bourgeois de la Droite ne vont jamais, ou presque, au café. Le jeune médecin radicalisant rejoint ici la vieille Gauche fidèle, celle du temps des 363, les purs qui ont « eu » Mac-Mahon et sauvé la naissante République. S'il devient maire, conseiller général, c'est ici, au *Café de la Ville,* qu'il aura préparé ses succès électoraux.

Au *Grand* Café de la Ville. Car il y a, aussi, un *Petit* Café de la Ville ; sombre, sans banquettes de velours rouge, sans plantes vertes, carrelé et non parqueté, à tables de bois peint et sans tables de marbre blanc. En ce domaine comme dans les autres, c'est la même variété nuancée, la même complexité qui serait déroutante comme une grille de cryptogramme, faute d'une clé pour la déchiffrer.

Rien que dans ce coin du bourg, il y a au moins six cafés. Dans un rayon de cent cinquante pas, au moins douze. Café des maquignons, café des coquassiers, des grainetiers, des commis-voyageurs... Au *Petit Caporal* fréquente surtout la jeunesse. Dieu sait ! Le Bonaparte de l'enseigne pourrait en raconter de vertes. Il y a là une luronne bien plantée, Sidonie, hardie des yeux, agressive du corsage... La petite ville ne se refuse rien. Je n'ai jamais été enclin aux statistiques. Mais il m'est arrivé de me dire, quelquefois, que si tous les cafetiers, bistrots et mastroquets du bourg avaient dû vivre de leur débit, toute la ville n'eût été peuplée que de Léon et de Bicanelle.

Dieu merci, la plupart de ces établissements étaient, d'ordinaire, déserts. Même à l'heure de l'apéritif vespéral, le *Grand Café* était recueilli comme un temple. On ne s'y bousculait pas. Deux ou trois quatuors de manilleurs échangeant des propos feutrés où sonnaient, tout à coup, une invective furibonde ; les chocs des boules du billard aux carambolages du patron, tenant tête au chef de la fanfare « municipale et républicaine », c'était tout. On sirotait, à petites gorgées, un vermouth, un vin blanc gommé, l'hiver un grog plutôt léger (la patronne retenait les bouteilles), un lait chaud pour les estomacs délicats. Parfois, leur partie achevée, des joueurs venaient, debout à un pas en arrière, assister d'autres joueurs en action, approuvant, désapprouvant du menton, graves, discrets dans leurs commentaires, car la poudre s'enflammait vite.

Les aiguilles de l'horloge tournaient : sept heures moins le quart ; sept heures moins dix. « Diable ! »... Sept heures moins cinq... « Allons ! » Tout le monde était bientôt debout. Le chef de musique, du plat de la paume, effaçait les marques de bleu qui tachaient ses revers et ses manches. « Oui, allons, décidément ! » On serrait les mains à la ronde. Et le petit rentier regagnait sa petite maison, content, ou plutôt satisfait, comme s'il eût emporté, avec ces poignées de main, une consécration renouvelée, un brevet de civisme flatteur qui l'eût distingué et *classé*.

Je viens de prononcer un mot qui a, depuis, changé de sens. Le clivage des couches sociales n'était pas du tout le même. Il y avait un prolétariat, certes, mais aussi divisé d'opinions que le négoce, la fonction publique ou la petite propriété. Avec les autres classes, et comme elles, le prolétariat de ce temps se sentait, d'abord, intégré. La politique était pour tous un jeu, avec ses règles particulières, une sorte de jeu passionnant, passionné ; avec aussi ses phases de rémission, ses crises en brusques poussées à la façon des fièvres récurrentes. Qui eût parlé de luttes de classes, alors et dans ces petites villes, n'eût sans doute pas été compris.

Pauvres, et parfois très pauvres, les vignerons votaient à droite, par attachement à leur lopin. La rive gauche, le Berry, aussi ; la rive droite, la Gaule, à gauche : les hommes de la forêt avaient sans doute le sang plus chaud.

Quant aux vignerons, ils se réunissaient le soir, beaucoup plus nombreux le samedi, chez un vieux buraliste-marchand de journaux, aux sourcils, à la moustache de chien briard. Ils passaient devant le comptoir, faisaient peser, sur une balance de corne blonde, deux ou trois sous de scaferlati, âcre, humide, que le marchand puisait dans une espèce de fosse carrée ménagée à même son comptoir. Cela faisait une pincée de huit grammes, dans un cornet de papier de soie, de quoi bourrer trois pipes à peu près. Ils s'avançaient, une fois servis, vers le fond de la boutique. Il y avait là des bancs de bois, sans dossier, accotés au mur brun sombre. Presque pas de lumière. Deux rangs de blouses, de visages glabres, de casquettes noires, de petites pipes en plâtre — des brûle-gueule au tuyau cassé, un moignon de tuyau garni d'une épissure de fil — vissées, le fourneau renversé, entre de vieilles lèvres serrées, des gencives pour beaucoup édentées.

Et tout cela, assidûment, fumait à tout petit filet. Mais avant qu'une heure eût passé, une brume grisâtre, prodigieusement opaque, se stratifiait d'un mur à l'autre et du plancher jusqu'au plafond. Plus de blouses, plus de silhouettes, rien que des voix lentes, sentencieuses, alternées. A leur tour et l'une après l'autre, du fond de la boutique vers la porte, s'éteignaient les couleurs insolentes des *Petit Journal illustré* pendus à des épingles de bois : le dompteur dévoré, l'explosion de la machine à battre ; et, les dernières, celles de l'uniforme du général Boulanger, caracolant sur son cheval noir.

Ainsi, jusqu'à la combustion de l'ultime brin de tabac du dernier cornet à deux sous, résonneraient les voix sans visage, égrenant les nouvelles du jour et fixant la chronique vigneronne, d'autres fois évoquant pour tous les souvenirs d'un temps révolu, vieux souvenirs d'autant plus riants à leurs yeux d'hommes sur le retour qu'ils étaient ceux de leur propre jeunesse.

CHAPITRE XV

LES NOTABLES
NOTRE-DAME DE LA GAUCHE

Chronique rentière du *Café de la Ville,* chronique vigneronne du bureau de tabac... Il y en avait d'autres, beaucoup d'autres, drues, fluctuantes, je suis tenté de dire chatoyantes, selon les points de vue qu'on adopte : bourgeoise, populaire, politique, scandaleuse, et j'en passe. L'optique même variait avec les mœurs, d'un quartier au quartier voisin. Une rixe, par exemple, qui eût bouleversé le cœur du Bourg, laissait le Port à peine ému.

Mais puisque j'ai, chemin faisant, évoqué deux des officines où s'élaboraient ces chroniques, je dois maintenant, sous peine d'omission grave, en évoquer au moins une troisième. Aussi bien cela nous conduira-t-il vers une prise de vue nouvelle, assez simpliste, mais qui correspondra je pense, à des réalités fondamentales.

Il y avait, en face du bureau de tabac, antre de la routine et de la réaction vigneronnes, la boutique d'un perruquier. Pardon : coiffeur. Le vocable, alors, « faisait » moderne, à la page, citadinisait la maison. Perruquier, c'était bon pour le village.

Alexis, le patron, était d'une vieille famille du pays, de fondation en quelque sorte, et d'autant mieux accrédité. Jovial, disert, rubicond, quelque peu grumeleux du nez, il avait fait de son salon de coiffure... eh ! bien, un salon en effet, où l'on causait, avec ceci de particulier que les interlocuteurs se parlaient de bouche à dos, et pourtant face à face, grâce au jeu de miroirs opposés. Il y en avait, bien sûr, où les patients se contemplaient de front ; mais la paroi adverse aussi, derrière les chaises des impétrants, était toute garnie de glaces. De sorte que non seulement, de part et d'autre, les interlocuteurs se voyaient la nuque et les yeux, mais se multipliaient à la vue les uns des autres jusqu'à se perdre dans la brume glauque, où vont se perdre tous les reflets du monde, au fond des glaces.

Alexis donc était le coiffeur de la Gauche, la Droite ayant, de l'autre côté de la rue, le sien. Puissance des « idéologies », qui engageaient, comme on dit aujourd'hui, jusqu'à la barbe ! Et voici la première occasion où nous saisissons sur le vif une ligne de clivage, justement, une frontière intérieure d'une sécheresse, d'une rigueur, d'une constance presque incroyables.

Droite, Gauche, il y avait ainsi, en tous domaines, dualité et dualisme intégraux. Deux écoles, bien entendu, de l'A.B.C. au « certificat », les Sœurs et les Frères d'un côté, les maîtres laïcs d'autre part ; deux fanfares, deux médecins, deux notaires, et le reste à l'infini. Pour idéale qu'elle fût, la ligne de démarcation n'en était pas moins perceptible, partout présente, instantanément reconnue. La Droite avait ses fournisseurs, la Gauche les siens, qu'il s'agît du pain quotidien, d'une maison à bâtir ou d'une chaise à rempailler.

Chez Alexis, on parlait beaucoup politique. Populaire ou de petite-bourgeoisie, sa clientèle était militante : radicale, voltairienne ; dans la mesure, bien entendu, où ces grands mangeurs de curés se réclamaient du Siècle des Lumières, des Philosophes, de la Libre Pensée. Alexis barbifiait le sénateur, à domicile, et n'en était pas peu fier. Confident de sa pensée, dans l'abandon de la serviette au cou, il recueillait dévotieusement ses propos, ses formules ; en sorte que sa conversation familière, boutiquière, prenait volontiers le tour, l'abondance et l'assurance oraculaires d'un catéchisme républicain.

C'est grâce à ce prestige sans doute, exactement

à cette délégation de prestige, qu'Alexis eût pu prétendre à la qualité de notable. Comment omettre ce trait capital ? Il s'agil là d'une dignité oubliée, d'une promotion spontanée, mais longuement réfléchie, mûrie par l'opinion publique, sans rien devoir aux caprices, aux fantaisies, aux engouements ni aux iniquités passionnels du bulletin électoral.

Dignes en effet, méritants, quelquefois par tradition, par héritage moral d'une lignée de notables, quelquefois par eux-mêmes, comme les chefs d'une lignée nouvelle, consultés, écoutés, entourés du respect de leurs adversaires mêmes, ils faisaient partie, à la lettre, du patrimoine citadin. Daniel Halévy, qui s'est fait leur historiographe, a déploré naguère leur « fin ». Comme il a eu raison ! Je pourrais pour ma part, dans la bourgade de mon enfance, évoquer deux d'entre eux pour la gloire de ma propre famille ; et j'en ressens encore et l'honneur et la fierté. Mais c'est comme types, représentatifs d'un temps et d'un monde, que je veux dire d'eux quelques mots.

L'un était mon grand-père maternel, petit homme strict, peu enclin au sourire, qui ne sermonnait jamais, ne grondait jamais, n'élevait jamais la voix, mais à qui tous obéissaient à cause du souci qu'il avait des personnes, de chaque personne, dans sa vie et dans sa dignité ; et aussi parce que sa vie à lui, à force d'égalité d'âme, de constance aimable et courageuse prêchait lumineusement d'exemple au-delà de toutes les paroles.

L'autre, marié à une sœur de mon père, était un de ces admirables médecins de campagne, alors nombreux, dont le dévouement sans bornes allait de pair avec un désintéressement que certaines mœurs d'aujourd'hui, j'en ai peur, feraient taxer de ridicule. Excellent clinicien, parfaitement apte, en chirurgie d'urgence, à décider et à opérer, il m'a sauvé personnellement du croup, et combien de petits avec moi ! Surmené, malade, épuisé, de jour, de nuit — par quelles routes, par quels chemins à fondrières ? — il allait, réconfortait, soignait, guérissait, aidait à souffrir, à mourir. On l'aimait et on l'admirait. On avait fait de lui le maire de sa petite ville. Il n'a jamais dit non à une prière, à un appel. Seulement, à force de s'oublier, d'aliéner et de brûler sa vie, le moment est venu où l'option même n'était plus possible. Son diagnostic ne s'y est pas trompé : il s'est jugé perdu, et il a continué. Sa mort, unanimement ressentie, a été le deuil de tous. Il n'avait pas tout à fait quarante ans.

Mais je reviens à mon point de départ, à la boutique, à l'officine, au salon du coiffeur Alexis. On y sacrifiait volontiers à la fantaisie des propos, aux facéties de certaine gaudriole populaire, un peu gaillarde, mais franche, saine, gentiment spontanée. C'est ainsi qu'on a ri longtemps de la mésaventure d'un pêcheur républicain, Antoine, déjà père d'une nombreuse famille.

Il attendait, certain samedi, une paternité nouvelle. Mais c'était jour de barbe hebdomadaire. Les douleurs commençaient seulement, la sage-femme était arrivée... Il pouvait, en toute sérénité, monter du Port vers le Bourg et confier son menton broussailleux au rasoir agile d'Alexis.

La boutique était pleine. Patron, compagnon, apprenti, du blaireau, de l'acier, tartinaient, rasaient, émondaient. Vint le tour de notre homme. Serviette au col et joues mousseuses, il tournait nerveusement la tête chaque fois que la porte, en s'ouvrant, déclenchait le timbre avertisseur.

— Tu vas te faire couper, Antoine !

— Pas de danger ! Va toujours, Alexis !

Encore un coup de timbre. Antoine tressaille : cette fois, c'est un voisin du Port.

— Du nouveau ? dit Antoine.

— Un garçon.

— Bon, dit Antoine. Prends ton temps, Alexis ! Du moment qu'il est arrivé...

Alexis repasse le blaireau le rasoir :

— Je vais te faire la peau douce...

— Aïe ! dit Antoine.

Il a tressailli plus vivement : Alexis l'a un peu coupé. C'est que le timbre a sonné encore et qu'un autre voisin, essoufflé, vient d'apparaître sur le seuil.

— Il y en a un deuxième, Antoine !

— Un garçon ?

— Oui.

— Pas possible !... Dépêche-toi quand même, Alexis.

Antoine s'agite, troublé, nerveux, se lève à demi, plonge son menton dans la cuvette d'eau froide.

— Je te passe la pierre, mon gars ?

Alexis mouille la pierre d'alun, l'approche des joues du camarade. Le timbre sonne : c'est encore un voisin du Port. Antoine s'épanouit, l'œil malin :

— Je parie qu'il y en a un troisième ?

— Tout juste, dit l'homme, trois garçons !

Alors Antoine de se rasseoir :

— J'ai compris, je ne marche plus. La pierre, l'alcool, la poudre, Alexis... Et les cheveux, tant que tu y seras.

Il a fini par rentrer au Port, très tard, escorté par une troupe de compagnons hilares, heureux et las d'avoir serré tant de mains, choqué tant de verres en chemin. Mais il avait, réellement, trois garçons.

Quand j'ai parlé, tout à l'heure, de notables, c'est en toute spontanéité que j'ai songé d'abord à des hommes, à des mâles. Signe d'un temps encore, où, socialement du moins, il faut bien le reconnaître, la femme se trouvait, à l'égard de son compagnon moustachu, en situation d'infériorité. La seule idée qu'elle pût voter eût fait sourire ou hausser les épaules. C'est la guerre de 1914 qui a précipité — à peine amorcée jusqu'alors — une évolution dont nous pouvons voir aujourd'hui qu'elle a été une révolution.

Maîtresses chez elles, dans leur maison, mais confinées dans les limites de ce domaine domestique, ignorantes de la poudre et du rouge, accessoires et symboles d'une vie légère ou dissolue, les dames de ma petite ville, dès quarante ans, se vouaient elles-mêmes à la soie noire, au jais, au bonneton de Chantilly sur des bandeaux lissés, tirés, dont personne ne se fût avisé qu'ils restaient quelquefois soyeux, bruns ou blonds, jeunes, féminins... « Pauvres femmes, disait Maupassant, dont le pouvoir n'est que dans leur beauté, *qui dure dix ans !* »

C'est bien pourquoi, à titre d'amende honorable, je vais parler en homme d'aujourd'hui et choisir à dessein, parmi les notables de ma bourgade, non pas le notaire honoraire, ni le banquier, ni le gentilhomme terrien, mais deux dames, l'une à gauche, l'autre à droite.

J'apppellerai la première Notre-Dame de la Gauche, sans y mettre la moindre ironie, à cause du caractère éminemment révérencieux du respect qui l'entourait, des marques de ce respect qui lui étaient quotidiennement prodiguées. Il s'entend : par la gauche citadine, une gauche d'autant plus encline qu'elle était plus anticléricale à montrer une rigueur sans faille à ne tolérer nulle offense — sourire, regard, souffle, allusion — aux tabous qu'elle s'était choisis et qu'elle avait décidé d'encenser.

Bien des années avant ma naissance, un « grand avocat de Paris », enfant du pays je pense, élut notre petite ville pour des séjours de plus en plus fréquents. Il était déjà sur l'âge, beau, majestueux, le menton enneigé d'une barbe en éventail, le chef volontiers coiffé d'une légère calotte de soie noire. Sa demeure, spacieuse et sévère, allongeait sa façade dans une rue elle-même austère, ombreuse, perpendiculaire à la Grand'Rue, et ainsi protégée des rumeurs et de l'agitation du bourg. On y pouvait, en toute sérénité, étudier à loisir les dossiers les plus ardus.

Il y était aidé par un jeune, très jeune secrétaire, au fin visage, au teint de pêche, aux beaux yeux. Si jeune, si jeune, en vérité... Vingt ans ? Dix-huit ? Souriant, timide, un peu farouche, sensitive aux cils vite baissés, le rose de la pudeur aux joues.

Les hommes aussi, en ce temps-là adoptaient volontiers la mise sombre, l'onction feutrée, un peu bénisseuse, d'un patriarcat prématuré. Notre avocat, de quinquagénaire qu'il était, vieillit vraiment, dit adieu au boulevard du Palais, prit retraite dans sa grande maison. Après s'être dévoué à la veuve et à l'orphelin, il se dévoua à ses concitoyens, devint leur maire, leur bienfaiteur et leur ami.

Il mourut maire républicain, maire de gauche, des plus décoratifs et distingués qu'on eût osé rêver. Il n'avait pas d'enfants. Il léguait à la ville quelque somme honorable, au demeurant plutôt modique, mais dont les affectations, en revanche, se signalaient par une minutie, une multiplicité (pompiers, musique, Bureau de bienfaisance, Société de Secours mutuels, prix solennels des écoles laïques, etc., etc.) et surtout par une précision où s'affirmait, une dernière fois, une science juridique hors de pair. Il joignait à ces legs, pour le bureau du futur maire, son portrait peint à l'huile — lumière de barbe et regard bleu, point rouge et de Légion d'honneur dans un océan de bitume — et ses conseils républicains.

Le reste, préciput, principal, grande maison, portefeuille dodu, valeurs de père de famille, tout le reste allait à sa veuve bien-aimée, au petit secrétaire qu'il avait, entre-temps, épousée...

CHAPITRE XVI

LES NOTABLES
LA DAME DU CHATEAU

Je ne l'ai connue que vieille dame, puis très vieille dame, encore charmante, certes, baissant encore volontiers les cils, mais, je crois, ne rougissant plus. Seule, rigoureusement seule entre toutes les vieilles dames de la ville, elle usait de la poudre de riz, largement. Même quand ses cheveux eurent blanchi, elle continuait de les ennuager comme les belles du siècle passé, le XVIIIe. Elle usait également du rouge, lèvres, pommettes, lobes des oreilles et — Dieu lui pardonne ! — de rimmel. Fanfreluchée, mousseuse d'écharpes vaporeuses, de ruchés, de mantilles, étincelante de topazes, d'améthystes, d'aigues-marines, sa souriante, son imperturbable audace, si elle n'allait point jusqu'à bannir le noir, osait néanmoins l'égayer : du violet tendre, d'un parme tirant sur le rose, des rubans ivoirins, crémeux ; et, l'escortant, l'annonçant, la suivant, flottant longuement dans son sillage, tous les parfums de l'Arabie, ou, déjà, de la rue de la Paix.

Combien d'autres dames de la ville, jeunes celles-ci, ont rêvé, à cause d'elle, d'un Paris à équipages, brillant, capiteux, un peu trouble, où susurraient, en fond sonore, les opérettes d'Offenbach, les romances de Chaminade, les refrains « coquins » de Mac Nab ; où la vertu, avant d'être récompensée, et même après, savait le pouvoir d'un sourire ; où un attendrissant usage incitait les vieux avocats à travestir leurs jolies secrétaires avant de les épouser !

Attendrissant, c'est le mot qui convient. Le scandale même, s'il venait d'elle, inclinait vers l'attendrissement. L'héritage marital l'avait nantie d'une gentille fortune, très gentille en ce temps et dans cette province économe. Mais, Parisienne, elle avait le porte-monnaie facile et prodiguait les libéralités. A bon escient, toutefois ; et surtout, il va de soi, en sens unique, du côté gauche.

Que de volumes à tranches dorées pour les prix des écoles laïques, de ces gros livres rouges qui déteignaient libéralement sur les petites paumes en sueur ! Le grand soleil de Messidor, l'émotion... Cela poissait, collait, jusqu'à devenir inoubliable. Quelque souscription qu'on ouvrît — à gauche toujours — elle était là, en tête, rituellement : une pompe neuve pour les sapeurs, le Bureau de bienfaisance, la Société de Secours mutuels... On eût pu croire qu'elle récrivait, en quelque sorte, le testament de son cher mari, qu'elle suivait ses conseils d'outre-tombe.

Le bel uniforme de la fanfare, à brandebourgs, à épaulettes, le képi à plumet bleu de roi, c'était elle qui les avait offerts. Inusables, bon teint, dignes d'un artisanat dont j'ai rappelé les vertus. Ils ont duré, je l'atteste, trente ans, un demi-siècle, résisté à une guerre, à deux guerres. Je ne suis même pas sûr que l'un d'eux ne réapparaisse, aujourd'hui encore, sur les épaules ou sur la tête d'un petit-fils d'un premier piston ou d'un ophicléide de la glorieuse fanfare d'antan.

Est-ce tout ? Non, certes ! Elle payait aussi de sa personne. Affaire d'habitude, je pense. Lorsque les salles de classes de la Grande Ecole se transformaient, toutes cloisons abattues, en salle des fêtes, elle était là, au premier rang toujours, souriante, poudrée, sur *son* fauteuil, un tabouret sous ses bottines en peau de soie. Son fauteuil ! Bois noir et velours cramoisi, suprême luxe municipal : rien qui, pour elle, fût trop beau, trop pompeux. Le fauteuil même de Monsieur le Maire devait rendre hommage au sien, à quelques centimètres près.

Quelles fêtes ? Eh ! bien, naturellement, les distributions solennelles des Prix : Asile, grandes filles, grands garçons, tendre grain, blé montant de la laïcité ; les Quatorze juillet sous la halle : l'annuelle soirée du Cercle laïque des jeunes filles, le concert des pompiers et celui de la fanfare : non la clique banale des retraites aux flambeaux, ni les « morceaux » traditionnels de la promenade sous les platanes, à la Pentecôte, au 15 août, mais des soirées « mondaines », des spectacles d'amateurs, variés, brillants, d'un éclectisme sans frontières, de Casimir Delavigne à Bruant, de Pierre Dupont à Galipaux. Réjouissances hivernales, oasis de lumière et de bruit qui venaient, juste à point, rompre la monotonie des jours, alerter les membres honoraires en même temps qu'elles les honoraient, et célébrer du même coup les fêtes profanes des saintes patronnes, Barbe, Cécile, vierges et martyres.

De jour, de nuit, elle était là posant sur les jeunes fronts la couronne d'or ou de laurier, applaudissant, félicitant, souriant, avec une grâce, une gentillesse qui lui gagnaient, lui livraient tous les cœurs.

Elle ne sortait plus qu'en calèche, attelée à deux trotteurs, bêtes admirables, plus belles encore que les chevaux des gendarmes, et dont le trot de métronome, synchronisé mieux qu'un ballet de cirque — 4 fois 2, 4 fois 2 — claquait de ses huit fers sur les pavés de la Grand'Rue. Sur le siège, le superbe Ernest trônait, bombant le torse, les moustaches cirées, ganté de blanc, les regards fixes, envolés entre les oreilles de ses bêtes, perdus, loin des vagues piétons qu'il eût allégrement écrasés, au fond d'un empyrée où « Madame » rejoignait les dieux.

Elle avait, sur la fin de sa vie, quitté la sévère maison héritée de son vieux mari pour une belle maison de marinier, illuminée par la lumière du Val. Je retrouve mon admiration rien qu'à revoir, par la claire-voie de la porte cochère, les deux losanges de tuiles vernissées, jaunes, bleues, vertes, qui décoraient le toit de l'écurie.

Outre Ernest et sa femme, la servait une cuisinière infirme, dévouée jusqu'à l'idolâtrie, une fille-mère que des couches difficiles avaient laissée bancale et bossue. Là encore, du haut de sa souriante assurance, elle avait rompu en visière avec les préjugés du temps. Où les dames du commun eussent chassé une servante enceinte, elle avait, elle, assisté la sienne, l'avait revendiquée, gardée. Et n'eût pas eu publiquement bon visage quiconque se fût permis une critique, un mot, un regard, un soupir !

Je ne dis rien d'Olympe, la couturière à la journée, ni de son apprentie Pauline, ma camarade de l'Asile et la fille de mon ami Paulot. Madame régnait sur un petit monde éperdu d'admiration. Mais je crois que son ultime vieillesse a dû s'ennuyer un peu. « Elle m'invitait, m'a dit Pauline, à faire sa partie de dames. Et, bien sûr, il fallait que je perde. »

Le temps était révolu où les derniers amis de Paris animaient l'ancienne maison, où des barres de lumière, persistant aux fentes des persiennes jusqu'aux heures avancées de la nuit, faisaient veiller les bigotes d'en face, oreilles tintantes et cou douloureux à force de se tendre au rythme étouffé d'un piano, aux éclats d'une voix qui chantait. En allés, hélas ! les amis. Et parmi eux un militaire anglais, grand, raide, roux, congestionné, d'abord major, puis colonel, et qui disparut lui aussi avant que la bourgade eût pu l'admirer général.

Chère bourgade républicaine ! Elle seule restait à la charmante vieille dame, petite ville indulgente, admirative, fidèle, capable d'aimer assez sa Notre-Dame de la Gauche pour lui avoir passé, en son printemps, son travesti de Chérubin, en son automne, son extrême automne, un colonel de horseguards !

J'ai dit la rigueur du clivage qui réellement coupait en deux la population du bourg. C'est absurde, et d'ailleurs explicable. Mais mon dessein n'est point d'expliquer, seulement de dire. Ce qui m'inspire, tout au long de ce pèlerinage, ce n'est pas le désir de juger, pas plus au nom d'une doctrine politique qu'en celui d'une quelconque philosophie de l'histoire. C'est la tendresse, une sorte de piété filiale qui s'acquitte d'une dette très ancienne dont mon âge mûr a pris conscience. Et pas seulement, qu'on l'entende bien, envers ma petite patrie, une toute petite patrie parmi d'autres, mais envers cette réunion, cet harmonieux ensemble de petites patries fraternelles qui est notre patrie commune.

Peut-être encore y a-t-il autre chose : un désir de maintenance, de sauvegarde, un acte de fidélité, de foi aussi en ce qu'il faut bien appeler (et tant pis si le mot paraît grand) un humanisme, un humanisme familier, à la mesure — pas trop, pas trop peu — d'un gentil peuple, de ses vertus, de ses défauts, de ses plaisirs et de ses travaux.

Explicable ou absurde, donc, force est bien de constater cette rivalité gémellaire, ce gauche-droite congénital. De même que le coiffeur Alexis impliquait le coiffeur Bertrand, que le chef de fanfare Grivot, dit Félix, impliquait un chef adverse, dit Couac par les gens de la rive républicaine, de même Notre-Dame de la Gauche impliquait une Dame de la Droite.

Ma petite ville avait donc la sienne, demoiselle à vrai dire, vieille demoiselle, propriétaire du château. Château illustre, château parrain de la bourgade au temps où il était « neuf », château des La Vrillière, des Penthièvre, le dernier duc de ce nom étant le beau-père de l'infortunée Marie-Thérèse Louise de Savoie-Carignan, princesse de Lamballe, et le grand-père du futur Louis-Philippe.

Ainsi avait-il chu de haut, entre les bras, si l'on peut dire, d'un sieur Lebrun, entrepreneur-maçon, acquéreur de biens nationaux, qui l'avait froidement démoli, dépecé à son aise et pour son plus grand bénéfice, après les troubles. On en pava, au moins en partie, une noble rue orléanaise. Les lions de pierre, couchés au bas des marches du pont-escalier sur ses douves, allèrent poursuivre leur garde sourcilleuse au seuil d'un Palais de Justice rendu à la sérénité. Il n'en resta qu'une rotonde du Grand Siècle laidement flanquée d'une protubérance étriquée, due aux talents du sieur Lebrun, deux pavillons louis-quatorziens, des écuries à la Mansart et l'orangerie du XVIIIe siècle.

Mais si le beau jardin à la française, déployé au bas du coteau, a fait place aux cultures nourricières d'un fermier, des bouquets d'arbres guident encore le regard jusqu'à la coulée de la Loire ; et, si l'on descend vers les champs, si l'on franchit le miroir des douves sur le pont veuf de ses lions, il suffit de se retourner pour admirer encore la fière rotonde, timbrée de coquilles Saint-Jacques, sa ronde calotte d'ardoises et les menues fenêtres, sous le chéneau, de la chambre où le bon Florian dormit, rêva et fabula.

Tout cela dans des frondaisons, les ramages Car

le plus beau est là, il faut le dire à la décharge de la brève dynastie des Lebrun. Ce maçon, en effet, eut une fille, Eulalie, laquelle, ayant le cœur sensible, se plaisait à toucher de la harpe, quelque soupirant à ses pieds. C'était le temps où le barde Ossian préludait aux harmonies lamartiniennes. Mais, comme il arrive souvent, la sensibilité, les mœurs devançaient la littérature, la provinciale du moins, qui en restait aux madrigaux.

Où je veux en venir ? A l'un de ces soupirants qui charmait la belle Eulalie, à un M. d'Hérou qui savait trousser la rime, mais qui aimait aussi les beaux ombrages, les géants à la cime altière, les cascades et les rocailles, les ailes des cygnes, conques blanches sur les eaux. Tels étaient ses madrigaux à lui, les plus heureux, les plus durables. Il planta toute la pente du coteau, capta les sources, fit sinuer une rivière, ruisseler des cascatelles. Il choisit, il acclimata les plus beaux arbres du monde, les tulipiers, les cyprès de la Louisiane, les peupliers de Virginie, « brisa la triste équerre et l'ennuyeux cordeau », répandit aux pieds de ces colosses les fougères-aigles, les azalées, les andromèdes, les kalmias. Ce fut une jungle, un jardin d'éden où fleurirent les magnolias, où les allées de rhododendrons, s'allumant de girandoles mauves, blanches et rouges, emprisonnèrent sous leur résille ardente un soleil noir, brisé en mille éclats moins étincelants que les fleurs.

Hélas ! Tout cela demeurait défendu, dérobé derrière de longs murs, monde clos d'une centaine d'hectares dont chacun pouvait faire le tour, mais où nul ne pénétrait. Dieu soit loué ! *En principe* seulement. Ces nouveaux maîtres, entrés, puis affermis en possession, devaient retrouver peu à peu, avec le souvenir d'une royauté et d'apanages de droit divin, celui d'un ancien régime qui se targuait, aussi, de bonhomie. Pour entrer au domaine interdit, point n'était besoin de Sésame. Il suffisait de « demander la permission ».

A qui ? Eh ! bien, à Mademoiselle. Ou plutôt à son jardinier-concierge, le rubicond père Jarniquet. A lui, homme de confiance, d'aborder la redoutable, la glaciale et glaçante châtelaine.

On ne la voyait jamais, ou que très rarement, le dimanche, à la messe basse du matin. Il paraît — on me l'a dit depuis — que sa mine seule était sévère, qu'elle a trouvé naturellement sa place dans une chaîne d'héritiers que leur appartenance et leurs convictions de droite inclinaient en matière d'hoirie — par compensation, j'imagine — à des choix de leur main gauche. Mais « il paraît », il paraît seulement... J'étais trop jeune pour en juger.

Je me souviens d'une courte personne noire, ronde de formes et pourtant spectrale : un visage immobile et blafard, des yeux grisâtres, atones, où les pupilles flottaient dans une brume triste. J'admirais le père Jarniquet d'oser affronter cette

Méduse ; et plus encore, l'ayant fait, de revenir vers ma grand-mère avec des joues aussi vermeilles, un regard aussi frétillant où ne s'apercevait nulle crainte, seulement la joie naïve, peut-être un soupçon vaniteuse, d'apporter la réponse attendue : « Mais oui, madame ! Mademoiselle veut bien. »

CHAPITRE XVII

« *CALOTINS* » *ET* « *DREYFUSARDS* »

Un éden, oui, un très beau jardin. Depuis M. d'Hérou, les tulipiers, les hêtres pourpres, les cyprès d'Amérique et les cèdres du Liban avaient grandi, les pieds dans le terreau noir, les radicelles épanouies dans l'eau. Ainsi leur tête s'était haussée, « au ciel voisine », dit le bon La Fontaine, qui savait lever les yeux sans pour autant tomber dans les puits. Ils mariaient là-haut leurs feuillages. On eût pu croire qu'ils avaient poussé là, enfantés par le sol même, et que leur place était où ils étaient, marquée de toute éternité.

Une réussite, donc, où la nature et l'homme s'étaient acceptés l'un l'autre. Mais aussi, en vérité, une féerie. Tout le temps qu'a duré mon enfance, le Parc (on disait toujours « le Parc », et le mot, aujourd'hui encore, reste pour moi empreint d'un sens presque magique), le Parc, entre ses longs murs, a vu voler beaucoup de mes rêves.

Il s'ouvrait quelquefois, je l'ai dit. Mais il était si vaste, si prodigieusement exubérant, triomphant, il prolongeait, multipliait tant de perspectives sur des au-delà toujours renaissants, toujours inconnus, que l'imagination d'un enfant y trouvait et pouvait s'y donner une carrière illimitée. Aussi bien se refermait-il, pour le bonheur et le rebond du rêve, son saut ailé par-dessus les murs : car à quoi serviraient les murs ?

Mon plus lointain souvenir du Parc, c'est celui de la Fête-Dieu. L'agneau frisé, le petit saint Jean blond, à demi nu, les fillettes aux ailes dorées d'angelots, couronnées de roses blanches, les corbeilles pleine de pétales pendues à leur col délicat par un ruban de « faveur » azuré, les menottes plongeant dans cette manne odorante et répandant à gros flocons cette jonchée multicolore sous les pas de la procession, les fumées de l'encens déroulant leurs molles écharpes, les chants dont les paroles s'envolaient dans le libre espace, qui devenaient ainsi une musique aérienne, ineffable... Quelle splendeur, quel émerveillement ! Comment, le Parc refermé, ne pas revoir tout cela dans un nimbe, au fond d'une gloire où plus rien de la terre ne pesait, ne blessait, ne faisait mal, où tout était beauté, pureté, magnificence ?

Il arrivait aussi que le rêve reprît corps, se fît

moins éthéré, qu'il retrouvât, avec la convoitise, les tentations et les péchés terrestres. C'est ainsi que les petits du Port, loin au-delà de l'infranchissable mur, là-bas, sur le flanc du coteau où la rotonde émergeait des feuillages, pouvaient voir chaque printemps refleurir un arbre merveilleux. Un arbre rose, entièrement rose ; et d'un rose extraordinaire, vif, ardent, succulent, fondant... Ils en béaient, la salive à la bouche. Et parmi eux, au premier rang, les enfants de mon ami Paulot, le tonnelier. On s'en souvient, c'était un excellent père, gai, bien-disant, bien-chantant, et que ses trois gosses adoraient.

— Qu'est-ce que c'est, papa, l'arbre rose ?

— Vous ne devinez pas, mes enfants ?

Ils regardaient l'arbre lointain, glorieux, étincelant sous sa charge sucrée. Alors le nez de Paulot frémissait, son nez sensible, fendu comme celui d'un chien :

— Ne le dites pas : c'est un pralinier...

Quel rêve, n'est-il pas vrai ? « Désir que la main n'atteint pas », rêve des rêves, inaccessible et pourtant de ce monde... Paulot, tendre jardinier, en protégeait la fleur fragile. Quand l'arbre merveilleux flambait dans une apothéose, il annonçait aux trois ensorcelés :

— Demain, nous allons au château, voir Jarniquet... Peut-être qu'il nous permettra de cueillir quelques pralines.

Et il faisait comme il l'avait dit : les deux filles en avant, la main du fils dernier-né dans la sienne, il traversait hardiment l'avant-cour, toquait à la porte du jardinier-concierge. C'est dans les petits cœurs que le toc-toc sonnait le plus fort.

— Qui est là ?

— C'est Paulot du Port... Avec ses trois petits Paulot.

La porte ouverte, il disait sa requête. A l'autre bout du couloir, dans l'embrasure de la porte opposée, une barre de soleil frémissait sur l'immensité du Parc. Le cou tendu, les yeux avides, les trois petits la regardaient, la voyaient peu à peu rosir... Complice, Jarniquet savait. Il était prêt, il entrait aussitôt dans le jeu, jouait son rôle avec un naturel sans faille.

— Mes pauv's enfants ! Ah ! Ça n'est pas de chance ! Ah ! Quel dommage ! Ah ! Quel malheur !...

Et d'allonger sa lippe, de prendre le ciel à témoin, de tancer l'imprévoyant, le léger, le coupable Paulot :

— Mais si seulement tu m'avais dit ! Tu pouvais pas me le dire, pauvre homme ? De c'matin ! De c'matin tout juste !... Mademoiselle a tout fait cueillir ! Rasibus. Y a plus seulement une pralinette sur sa branche.

Les sanglots n'étaient pas loin. Mais ils n'éclataient pas, Dieu merci. Car...

— Ecoutez voir ! enchaînait, juste à temps, Jarniquet.

Et il allait au tiroir d'un bahut, plongeait sa main, tendait sa paume : roses, rebondies, vernissées... Quelles magnifiques, quelles succulentes pralines ! Oserait-on jamais les sucer ?

— Allons, gamins, lichez-moi ça... Mais surtout, c'est promis ? Motus ! Si jamais Mademoiselle apprenait...

Blâme qui voudra mon tonnelier Paulot. Il savait ce qu'est un enfant. Son pralinier a resplendi longtemps dans la mémoire de ses petits, longtemps après que, devenus grands, ils eussent admiré de près, sous la rotonde du château, tout rose et bruissant d'abeilles, moins rose pourtant que dans leur souvenir, l'arbre de Judée fleuri.

Comment penser, maintenant, que ces mêmes gentils bouts d'hommes étaient déjà, sans le savoir, des sectaires ? Mon Dieu oui, puisque Paulot était de gauche comme on l'était en ce temps-là, où le signe, ou plutôt l'insigne, la marque fièrement arborée, c'était l'anticléricalisme, le divorce d'avec l'Eglise ; et non pas l'indifférence, mais la phobie ostentatoire, vigilante, quelquefois obsessionnelle.

Il devait s'agir d'un virus, qu'on respirait dans les maisons, que les enfants tétaient avec le lait. D'ailleurs d'un bord comme de l'autre. Odeur de soufre et de fagot d'une part, de bénitier, de goupillon de l'autre.

Et, d'une part et de l'autre, *credo,* hors de doute et de discussion, dogmatique, obédientiel. D'ordinaire, cela restait assez serein, à la fois contenu dans les limites et fermement assis sur les bases d'une assurance définitive. Mais il y avait des crises, des poussées de fièvre aiguës dont il me semble bien, dans le recul de tant d'années, après tant de bouleversements, qu'elles n'épargnaient à peu près personne. Ainsi voit-on d'excellents ménages qu'une hygiène mystérieuse pousse périodiquement à des scènes abracadabrantes, dont la raison profonde échappe aux témoins de sang-froid, mais qui doivent être nécessaires à l'équilibre, à l'harmonie du couple.

Fidèle à mon dessein, je ne témoigne, ici encore, qu'à la lumière de mes souvenirs. Mais je suis sûr qu'un recours aux journaux du temps, à travers les sous-préfectures, réserverait à des lecteurs curieux la plus cocasse et la plus effarante moisson.

Je me rappelle, quant à moi, la création d'une école de Frères, construite au bord de nos Petits Sentiers, à la diligence d'un vicaire riche. Il y avait déjà, de fondation, un asile et une école des Sœurs, à l'intention des filles de la Droite. Mais les garçons ? Il fallait combler cette lacune, corriger de ce lest un choquant déséquilibre.

Un mur aveugle s'éleva donc là où avait fleuri une haie d'aubépine rose ; et par-dessus ce mur un autre, qui se couronna d'un long toit. On ne voyait des classes que ce toit, bordé sous la gouttière d'une frise en bois découpé, somptueuse, ostentatoire. Quelques camarades essaimèrent, des renégats ; et parmi eux le fils d'un horloger-bijoutier, celui de la Droite (nos vieux amis Pellier, Alexandre, son cadet Théodore et leur compagnon Frédéric ne s'occupant que des montres, pendules et horloges de la Gauche). Ce garçon était mon émule, mon rival. Je sus aux Frères un gré honteux de m'avoir débarrassé de lui. Tout juste si cette joie inavouée ne se mêla au sentiment de trahir un peu les miens. Mais j'étais un enfant sans complexes. Je me contentai d'admettre les articles de notre catéchisme scolaire : que les Frères ne savaient rien, qu'ils n'avaient même pas leur brevet *simple,* qu'au surplus il appartenait bien à des Frères « ignorantins » de laisser flotter leurs manches. Et cela, dans ma jeune cervelle, rejoignait une menace connue, familière comme un tic aux parents de ma bourgade contre les enfants paresseux, turbulents ou déréglés : « Fais attention ! Si tu ne travailles pas mieux, je te rentre le bras dans la manche ! »

Notez que ce sectarisme, dans les périodes de

rémission, s'accommodait, en fait, de tolérances dont les principes étaient censés ne pas souffrir. Rares étaient les libres penseurs assez libres, assez dégagés des ornières de l'obscurantisme, assez impavides aussi pour braver l'inquiétude secrète déposée au fond de leur cœur par l'atavisme et la « superstition ». Même les docteurs de la Gauche, ses ulémas, je n'ose pas dire ses prêtres, souffraient que leurs enfants fussent baptisés, qu'ils fissent leur première communion, que leurs épouses allassent à la messe du dimanche. Au moins, je le répète, durant les temps paisibles et de beaucoup, heureusement, les plus longs.

Comment, aussi bien, eût-il pu en être autrement ? Songer à ce que je disais des ménages. Ce n'était pas qu'une comparaison, Droite et Gauche étant considérées comme les deux éléments d'un couple et faisant, au demeurant et d'ordinaire, bon ménage. Non, je devais penser, inconsciemment, aux familles, à leur vie, à la prudente sagesse qui tolérait les garde-fous intérieurs, qui feignait de ne pas les voir aussi longtemps qu'un séisme extérieur, une épidémie convulsionnaire ne venaient souffler la tempête et livrer la bourgade entière aux transes d'une folie générale.

Vous rappelez-vous Alexis le coiffeur ? Il était de stricte obédience, radical comme le sénateur-maire, comme lui allergique à l'odeur de l'encens, à la vue d'une soutane dans la rue. Comme lui encore, il avait été deyfusard aux temps héroïques de l'Affaire. « Calotins, dreyfusards », les deux vocables, restés d'usage courant, avaient perdu de leur virulence, n'étaient plus guère que des étiquettes attachées à la personne, à la façon dont le vieil Homère qualifiait Héra-aux-bras-blancs, Athéna-aux-yeux-de-vache ou la Mer-au-sourire-innombrable.

Or, l'amour soufflant où il veut, Alexis-le-dreyfusard, en sa jeunesse, avait été chercher sa femme dans une famille religieuse, je veux dire pratiquante, d'une obédience non moins stricte que la sienne, mais adverse ; autrement dit, chez des calotins. D'aussi bonne race l'un que l'autre, aussi sains, aussi candides au fond d'eux-mêmes, pourquoi se seraient-ils déchirés ? Emérance allait donc à la messe, quand Alexis, le vendredi saint, eût mangé sur le pas de sa porte son rond de saucisson matinal.

Quand les bigotes, dans le dos d'Emérance, parlaient de la boutique d'Alexis, elles l'appelaient « l'Enfer », et se signaient. Quand les clients du salon de coiffure, dans le dos de l'ami Alexis, parlaient de son logement, là-haut, ils l'appelaient, par dérision, « le Ciel ». Car Emérance, couturière, habillait les dames bien pensantes.

Elle travaillait juste au-dessus de l'officine républicaine, de l'autre côté du plafond. Parfois, lorsqu'un client bavard s'attardait un peu sur le seuil, on voyait une ombre discrète, rapide, obliquer sur le trottoir vers l'entrée du couloir latéral, s'y évanouir silencieusement. C'était une cliente d'Emérance. Elle montait l'escalier du Ciel, le cœur battant, peut-être secrètement ravie d'avoir ainsi, aux yeux des clients d'Alexis, frôlé l'Enfer.

Mais que survînt une ère de tension, tout changeait. Affaire des fiches. Loi de séparation... Les assises mêmes, cette fois, tremblaient. Des vocables chargés d'une foudre neuve remplaçaient les vocables d'hier, désarmés par une trop longue trêve. « Jésuites », maintenant, et « francs-maçons » se fusillaient des yeux dans la rue. Enfin, l'on se réveillait ! Il était temps ! On recommençait à dire, par exemple, chez les républicains bon teint, que le médecin réactionnaire, non content d'être un jésuite, était maintenant plus sourd qu'une cruche, plus sale qu'un frère ignorantin, et qu'on aurait le temps de mourir d'une pneumonie avant que son oreille pût réentendre braire un âne, et que toutes ses jeunes accouchées mouraient de la fièvre puerpérale.

Cependant, par sagesse conjugale, par amour, Emérance fermait son atelier. Elle s'adonnait alors à la confection des postiches. Pourtant, pourtant... Elle savait les jours et les heures où Alexis, ses outils de travail enveloppés dans un journal de gauche (*Le Progrès*), se rendait chez le sénateur.

S'il prenait tondeuse et ciseaux, c'était signe qu'une coupe de cheveux s'ajouterait, cette fois, à la barbe. Alors, preste et diligente, dans les plis d'un journal de droite (*Le Patriote*), Emérance enveloppait les fers à friser, les bigoudis et s'envolait, furtive, vers le château, où elle allait ravigoter les anglaises de Mademoiselle.

CHAPITRE XVIII

LES « ANES-JOINTS »

Parmi ces crises, il en était de régulières, par conséquent de prévisibles. Ainsi, je m'en voudrais d'escamoter les élections et j'en dirai un mot tout à l'heure. Mais voici qu'une fois de plus des souvenirs viennent à la traverse. Tels sont les pièges de la mémoire : on les voit, et l'on y tombe. Que mes lecteurs m'accordent cette complaisance, si je fais en revanche mon possible pour m'interdire les trop longues ou les trop lointaines escapades, pour relever à temps les yeux vers le cadran de mon clocher.

N'a-t-il pas vu le château des La Vrillière, des Penthièvre, s'embourgeoiser d'abord, frôler l'encan, le lotissement, pour devenir enfin l'hôtel de ville ? J'aurais aimé relater cette chronique, dont les successifs épisodes ne manquent certes pas de saveur, et non plus, je le crois, d'enseignements.

Mais j'en étais — et j'y reviens — à ce besoin de dissensions intimes, sel ou piment d'une vie trop paisible qui eût été, faute de ces luttes, monotone, et qu'on eût sûrement moins aimée. N'ai-je point parlé d'un virus ? Voici qui donnera une idée de sa sournoise ténacité.

Pendant la guerre 14-18, en plein frénétique xxe siècle, convalescent de graves blessures, j'étais venu reprendre des forces à l'ombre de mon clocher. J'eus un jour quelque malaise, quelque anicroche de santé, assez vive pour alarmer mon père. Notre médecin étant mobilisé, il fallut bien recourir à l'autre, au jésuite sourd. C'était la première fois qu'il mettait les pieds chez nous. Il entra, les cheveux, la moustache d'un blanc de neige, une lumière étonnante, limpide et vive, dans ses yeux bleus. Il était propre, il va sans dire, et d'une urbanité exquise. Une voix douce, de belles mains de guérisseur, et de surcroît — nous nous en aperçûmes tout de suite à la façon dont il m'ausculta — l'oreille fine. Quand la porte se fut refermée sur ce sombre fanatique, ce parangon d'obscurantisme, mon père sourit, imperceptiblement gêné :

— Eh ! bien, tu vois, il n'est pas mal...

Après un temps :

— Il est même bien.

Le cher homme était rassuré, son inquiétude paternelle apaisée. Cela, après trente années d'une cécité municipalement volontaire — pour la bonne cause, il va de soi — facilitait la résipiscence... Sans parler de l'Union sacrée. Car je suis sûr que, rentré chez lui, le vieux médecin devait dire à sa femme, probablement dans les mêmes termes, ce que mon père venait de me dire : qu'il sortait de notre maison et que, nous ayant vus de près, il nous avait trouvés « pas mal » ; et même — du moins je l'espère — « bien ».

Cette sorte de découverte, même tardive, est à l'éloge de ma petite ville. Les chicanes, les prises de position rigides s'y enrobaient volontiers d'une causticité assez gaillarde, plus bonhomme que méchante au fond, et qui ainsi arrondissait les angles ; car elle inclinait au rire.

Deux adjoints assistaient le maire, un maire zélé, au point que ces adjoints chômaient souvent, vagues assesseurs, sujets de pendule. « Inspecteurs des pavés », dit quelqu'un. Il arriva pourtant qu'à l'occasion d'un événement mineur — remise de médailles du Travail ou de la Mutualité, départ pour la retraite d'un garde champêtre ou du tambour de ville — l'un et l'autre furent amenés à prendre publiquement la parole. Ils ne s'en tirèrent pas sans quelques pataquès mémorables. « Les ânes-joints », dit le même quelqu'un. Le trait fit fortune et le surnom resta. Les ânes-joints affectèrent d'en rire, mais le cœur n'y était pas. Jusqu'au jour...

L'inventeur des deux surnoms avait un fils, brillant élève, brillant lauréat du concours des bourses des lycées : reçu premier, ne vous déplaise. Il fallait néanmoins un dossier de moralité, des cachets, des apostilles, des signatures municipales. Le jour où l'heureux père se rendit à l'hôtel de ville, ouvrit la porte du secrétariat, il pâlit. Peu s'en fallut qu'il ne refermât cette porte.

— Mais entrez donc ! dirent les adjoints.

Par malchance, le maire absent, ils étaient là, tous les deux, penchés sur le dossier qu'ils venaient de se faire remettre et que l'intéressé reconnut au premier coup d'œil.

— Vous désirez ?

Ils souriaient, franchement cette fois, le visage et le cœur épanouis. Le postulant se révéla beau joueur. Il saisit le taureau par les cornes ; je veux dire qu'il sourit aussi, gentiment, dissipant toute une légion d'anges. Le plus vieux des deux hommes recopia de sa main un « avis très favorable », tendit le dossier convoité :

— Adieu, monsieur ! Et dites à votre petit garçon que les ânes-joints lui souhaitent bonne chance.

Où cet humour, parfois si savoureux, ce sens du trait, cette ironique gaieté n'eussent-ils point trouvé leur place, leur prétexte ou leur occasion ? Rappelez-vous les surnoms, leur prestesse imagée, croquis alertement enlevés. Je sais un sacristain, vieux garçon, sincèrement pieux mais de sang vif, qui trouva le moyen de jurer sans offenser les oreilles du curé, ni les siennes. Il alignait les noms des trois communes voisines : Bray, Bouzy et Bonnée. D'une traite, en y mettant l'accent, le nombre : *Braybouzybonnée !* Cela faisait un juron très convenable. Doublement, puisqu'il le soulageait.

Ce Clotaire — il s'appelait Clotaire — enfilait quelquefois un tablier de valet de chambre, au service d'une bourgeoise voisine. C'était la femme, très blonde, à la maturité rebondie, d'un vieux mari passionné de chasse, singulièrement de chasse en forêt, au sanglier, au chevreuil, au cerf. Tous les murs de sa maison se couvraient de groins ténébreux que sabraient de blanches défenses d'ivoire, se hérissaient de ramures, de chevillures et d'andouillers. C'était là que les nemrods du bourg avaient leur quartier général, tous vêtus de velours à côtes, guêtrés de cuir, fleurant la pipe et le cognac. Les soirs de chasse, ces gaillards menaient grand tapage autour de leur souriante hôtesse, seule femme parmi ces massacreurs. Le vieux mari bâillait, se levait :

— Bonsoir, messieurs ! Je vous laisse ma femme.

Il mourut. Elle épousa l'un des chasseurs, après un temps de viduité décent.

Ce fut pendant ce temps qu'une nuit de violent orage, Clotaire fut éveillé par un coup de tonnerre brisant auquel, lui sembla-t-il, s'était mêlé un cri aigu. Son sang ne fit qu'un tour. Il sauta dans son pantalon et rebondit chez sa voisine.

Homme de confiance, il avait la clé du logis. Le voilà donc céans, dans la salle cynégétique, aux murs hérissés de cornes. Pas une lueur, pas le moindre bruit. Et pourtant, dans ce noir, le sentiment d'une présence... Un autre éclair déchire la nuit. « Qui va là ? » Une poigne violente saisit le pauvre homme au collet. Nouvel éclair, où luit l'acier d'un canon de fusil...

— Je... J'étais... balbutie Clotaire. J'ai cru entendre crier Madame. Ce coup de tonnerre terrible... J'ai voulu rassurer Madame.

La poigne se fait un peu moins brutale, sans toutefois relâcher sa vigueur. Sous sa pression Clotaire pivote, se retrouve le nez sur le seuil, au crépitement soudain de l'averse qui se déchaîne.

— Allez en paix. Clotaire, je suis là. Moi aussi, mon bon Clotaire, j'étais venu rassurer Madame.

Et la poigne l'expédie sous la douche.

Clotaire tremblait encore quand il narrait cette aventure.

— Mais qui était-ce ?

— Il avait un fusil dans les mains !

— Mais encore ?

— Puisqu'il l'a épousée depuis...

— Ah ! bon. C'était...

Pourquoi pas, en effet ? Pourquoi pas le futur mari ? Cela, aux yeux du bien-pensant Clotaire, sauvait au moins les apparences. Mais un doute subsistait, pour le piquant de la chronique et le plaisir des chroniqueurs.

Il va de soi que j'étais trop petit pour apprécier ces croustillants attraits. Mais les petits grandissent, ils dépassent l'âge des praliniers, ils s'aperçoivent que les grandes personnes ne sont pas plus raisonnables qu'eux, qu'elles le sont quelquefois beaucoup moins.

J'ai gardé le souvenir très net — j'avais alors une douzaine d'années — de la guerre inexpiable qui opposa le maire de l'époque à l'un au moins de ses adjoints, coupa en deux le conseil municipal, en rallia les débris sur les bancs de la correctionnelle où de bons juges, qui n'étaient point parties, faute d'une réconciliation impossible, vaille que vaille, les recollèrent.

Il s'agissait d'un de ces projets que l'on décrète d' « utilité publique ». Le Progrès commençait de pousser à travers les campagnes ses pylônes et ses fils d'araignée. Fée Electricité, mystère des premiers téléphones, nasillants borborygmes des phonographes à pavillon, stupeur des vaches, pour la première fois agitante, aux pétarades empoussiérées des premières « voitures sans chevaux », cela grisait comme des fumées d'alcool, revigorait d'un sang plus vif les positivistes comtiens, les fervents recruteurs d'une « religion de l'humanité ».

Ma petite ville ne visait pas si haut. Il lui fallait seulement une nouvelle halle, plus centrale, troisième halle après sa halle aux veaux, sa halle aux grains et aux petits cochons. Ce serait, modeste de nom, la halle « au menues denrées » ; mais des trois de beaucoup la plus belle, la plus spacieuse, la plus rationnelle, en un mot la plus *moderne.* On devine la kyrielle d'intérêts qui se trouvaient ainsi en jeu : alignements, expropriations, corps de métier du bâtiment, drainage de la clientèle campagnarde au profit d'un quartier et donc au détriment d'un autre, futurs bistrots, cafés de la Nouvelle Halle, j'en passe, mais on voit cela...

Parmi les quelques immeubles voués à la démolition, il y avait la gendarmerie nationale. Déjà on en construisait une autre, plus spacieuse et plus coquette, au bord d'une route ombragée de beaux arbres. Mais, le temps approchant de porter les premiers coups de pioche à la gendarmerie « ancienne », on s'aperçut avec stupeur qu'elle avait changé de propriétaire. Qui en était le nouveau maître ? L'un des adjoints, hôtelier de son état, maître queux, chef insigne, fameux à des lieues à la ronde, qui prétendait impudemment construire là un hôtel neuf, tout confort, lui aussi moderne, avec — ah ! mais ! — une salle de bains.

Ce fut la guerre. L'ancienne mairie — ancienne aussi, pas encore le château devenu « Hôtel de Ville » — l'ancienne mairie aux minces cloisons trembla de la cale au gréement, tonnant de toutes ses caronades. Les gens du quartier dormaient mal, avec le sentiment de vivre sur des soutes de poudre, à la merci du geste d'un mutin, d'une étincelle, d'un mot malheureux.

Il y en eut beaucoup plus d'un. Honte, scandale, prévarication, forfaiture : le vocabulaire hors choix, le plus grandiose, le plus solennellement cambré :

— C'est une honte, ce qui se passe ici !

— Pour qui dites-vous cela, monsieur ?

— Pour celui qui se sent visé.

— Je suis le maire, je vous prie d'y songer...

— A bon entendeur donc, salut !

— ... Dans l'exercice de ses fonctions !

— Je *les* respecte.

— Vous m'outragez ! Messieurs, je vous prends à témoin !

Tout sauta. Témoins, accusateur, accusé, tous prirent un jour le train pour le tribunal du chef-lieu, chaque clan à chaque bout du convoi.

Bien entendu, les choses s'arrangèrent. C'est un axiome français, on le sait : quand tout paraît désespéré, c'est très bon signe. Mais les cautères correctionnels, même appliqués par des juges bons enfants, n'empêchent pas les blessures torpides de se réveiller un jour. Tout s'arrange, mais rien ne s'oublie. On en avait périodiquement la preuve, le temps venu de retourner aux urnes.

Il y avait des signes prémonitoires. Quand le vieux Dr Feninguault allait, par dérision, se prosterner devant les grilles du château comme un Arabe tourné vers la Mecque ; quand les gamins du Port criaient « Vive la République ! » derrière la mère Jeanderouet pour la voir suffoquer de rage ; quand l'adjoint hôtelier attirait vers sa cuisine le chien de son voisin d'en face, marchand-rouennier et marguillier, et, lui ayant lancé un lambeau de viande très grasse, le chassait d'un coup de pied au derrière en lui criant : « Va porter *les deux* à ton maître ! » qui, je vous le demande, qui eût pu s'y tromper un instant ? Les temps approchaient, étaient là.

Une fois de plus, sans mauvaise conscience, avec la certitude, au contraire, d'accomplir un devoir dangereux, mais nécessaire et salvateur, la petite ville allait se saouler d'éloquence, se rouler béatement dans le limon des vieilles querelles, cultiver l'invective, le défi, la calomnie, connaître une fois de plus la volupté d'un jeu qui donnait à chaque joueur, aussi fort, aussi exaltant, le sentiment ineffablement retrouvé d'une importance en vérité souveraine, la griserie d'un combat où il y avait des cris, des hurlements, parfois des larmes, mais, du moins, jamais de sang.

CHAPITRE XIX

L'AFFAIRE BOURDELETTE

Quelle place tenait, dans ces batailles autour de mon clocher, ce qu'on appellerait aujourd'hui l'idéologie politique ?

Là encore, la distance est presque fabuleuse entre hier et aujourd'hui. Ni les prises de conscience, ni les problèmes, ni l'enjeu des luttes politiques ne se peuvent, à la rigueur, comparer. On pourrait, certes, déceler des prodromes, mais eux-mêmes très lointains, plongés dans un passé qui nous ramène, à travers Raspail ou Blanqui, jusqu'à Guillaume de Lorris par exemple. Là encore, c'est la guerre de 1914 qui a soudain ouvert les vannes, dérivé et précipité le torrent.

Mais parler d'idéologie à propos de nos parents, c'est peut-être, au fond, toucher juste. Plus que nous, plus naïvement, plus purement (nous dirions : plus gratuitement), nos pères étaient des idéologues. Ne perdons pas de vue que le régime, à travers ses crises mêmes — celle de 1876, celle du boulangisme, celle de l'Affaire Dreyfus — avait pris conscience de sa force et, peu à peu, de sa stabilité. Son existence n'était donc plus en cause. De sorte que ces batailles, ces brusques flambées de violence étaient en quelque sorte un luxe. Au paroxysme de ces déréglements, je crois bien que les plus frénétiques, dans l'instant même où ils s'abandonnaient à des transes d'énergumènes, gardaient un œil sur la boussole, avec, au fond d'eux-mêmes, le sentiment de jouer encore : un jeu grisant, parce qu'ils le sentaient hasardeux ; mais attention ! rien qu'en surface, les apparences leur suffisant pourvu qu'elles fussent hautes en couleur, tragiques, terribles et davantage : l'art pour l'art, ça ne va jamais assez loin.

En outre, et quitte à me redire, je ne peux m'empêcher de reconnaître encore ici le particularisme, l'individualisme communal dont nous avons rencontré tant de signes. On réagit, bien sûr, à l'échelon national. Mais ces puissantes secousses sismiques, dont les ondes se répercutent des frontières aux côtes marines, leur épicentre est à Paris, c'est-à-dire à trente lieues, c'est-à-dire extrêmement loin. Dreyfus, on ne l'a jamais vu. Qui le connaît, je veux dire l'homme Dreyfus ?

Qui se soucie personnellement de cet artilleur binoclard ?

Ce qu'il nous faut, c'est une Affaire Dreyfus locale, bien à nous, rien que pour nous, avec une victime innocente, que l'on puisse pourtant soupçonner de fautes obscures, ténébreuses, inavouables, et dont ainsi, tout à la fois, l'innocence et la culpabilité soient également douteuses et probables, l'admirable et sainte innocence ou l'infâme culpabilité ; et dont ainsi encore notre souci des lois morales et notre besoin de justice s'exalteront, souffriront, nous prendront à la gorge. Et voilà, n'est-il pas vrai ? de beaux cris en perspective, tout un drame familial, intime, dont chaque scène nous atteint, nous importe, dont nous ne perdrons pas une nuance, un soubresaut, un tressaillement : notre Affaire, et un mot, à notre taille et sur mesures.

Ce fut, chez nous, l'Affaire Bourdelette. Tout y était, cette fois, réuni : le mystère, le ragot, le scandale, les Grands Principes, la politique municipale ; une réussite extraordinaire, aussi parfaite qu'elle pût l'être en ce monde où, comme on sait, la perfection n'existe pas.

Mlle Bourdelette était la directrice de l'école communale des filles. Elle régentait quelques « adjointes », qui s'accommodaient aisément d'une autorité souriante, équitable, et dont le poids n'appuyait pas. Ainsi, dans ce petit monde, avec

Mlle Bourdelette régnaient la concorde et la paix.

Jusqu'à une rentrée d'octobre où parut une débutante, fraîche émoulue de l'école normale, blonde, fragile, un peu penchée, le regard, l'attitude empreints d'une mélancolie très touchante : la pauvre enfant était orpheline.

Le cœur de la directrice s'émut. Vieille fille mûre, d'autant plus près de la vieillesse que l'on vieillissait, en ce temps-là et en province, plus vite, elle prit soudain conscience des puissances maternelles assoupies au fond de son cœur et elle en fut comme éblouie, éblouie jusqu'à l'aveuglement.

Comment un si pur enthousiasme se fût-il soucié de prudence ? Elle ne dissimula nullement les marques d'une sollicitude, d'une tendresse en effet maternelles, sans soupçonner même une seconde que personne pût en prendre ombrage. La jalousie pourtant, une jalousie de pensionnaires, sentimentale et pédagogique à la fois, vint piquer d'autres cœurs d'adjointes.

Du dépit à l'aigreur, le passage est vite franchi. Quel terrain plus propice, mieux préparé à recevoir les semences de la calomnie ? Vous vous rappelez Beaumarchais et le couplet fameux de Bazile ? Eh bien, Bazile fut dépassé. Point de *pianissimo,* de *piano.* Ce fut tout de suite le *rinforzando,* le *crescendo,* le grondement d'un incendie universel.

Qui avait été le semeur ? Un misérable, savetier de son état, cloîtré par la tuberculose entre les murs de son échoppe, juste en face de la maison d'école. Balzac croyait aux noms prédestinés : personnages balzaciens, noms balzaciens... Or, cet espion s'appelait Mouche. Il avait vu, ce Mouche, à travers les lames des persiennes, Mlle Bourdelette, lors d'une rentrée, prendre la jeune adjointe dans ses bras.

Il n'y eut, en vérité, rien d'autre. Rien d'autre que ce guet d'un maniaque par-dessus la largeur d'une rue, une ou deux lettres anonymes composées par ses soins, avec des caractères découpés dans des journaux et recollés un à un, patiemment.

Ce fut assez toutefois. On eût pu croire que la ville entière, par-dessus l'escouade des adjointes, attendait, Droite et Gauche en alerte. Quelles images suggérerait cet esclandre ? J'ai parlé d'un incendie... Non, ce n'est pas vraiment cela. Un incendie, c'est une catastrophe que l'on subit, que l'on combat. Pensons plutôt à une ruche furieuse, vrombissante, tourbillonnante. Ivre aussi ou plutôt folle, chaque aiguillon piquant à l'aveuglette, n'importe où, mais avec rage.

C'est un souvenir, et très précis, qui me suggère cette image. Il y eut un premier journal, tout entier consacré à l'Affaire. Et ce journal s'appelait l'*Abeille*. Et aussitôt il y en eut un autre ; et ce fut, naturellement, la *Guêpe*.

Deux journaux pour cette seule petite ville ! Droite-Gauche, jusqu'à la mort ! Et cette Guêpe, et cette Abeille purent s'en donner des semaines à cœur joie, à pleines colonnes, déversant à l'envi les stupidités, les saletés, les perfidies. Et dans quel style ! Deux journaux, deux rédacteurs en chef, deux gérants, deux éditorialistes, deux imprimeurs, les deux étant, bien sûr, un et un : un pour l'*Abeille,* un pour la *Guêpe,* pauvres hères besogneux, curieusement semblables l'un à l'autre, melon en tête, ongles en deuil, également chargés d'enfants, s'injuriant voluptueusement l'un l'autre — « Vil stipendié !... Bas folliculaire !... » — évoquant leur maître Rochefort, l'épée de Girardin et la mort de Carrel, se donnant du faux col extra-dur et n'allant plus chez l'épicier qu'avec des airs de tranche-montagne, les seuls à se sentir heureux, frétillants comme poissons dans l'eau.

Car tôt ou tard, et quelle qu'elle soit, l'orgie appelle la satiété, et la satiété le dégoût. Pauvre Mlle Bourdelette ! Quelques semaines ou quelques mois plus tard, qui pensait encore à elle ? Sa jeune adjointe avait changé de poste. Elle aussi on vous l'expédia, dans un canton lointain, à l'autre bout du département. Le cercle laïque de jeunes filles alla lui porter les fleurs de la fidélité. Ce fut une pieuse expédition, mais déjà une partie de plaisir, avec des changements de trains nombreux, un pique-nique saupoudré d'escarbilles et des chansons joyeuses dans le wagon cahotant du retour. Les temps avaient changé : on préparait une cavalcade.

Ou peut-être un Comice agricole. Ou peut-être, simplement, était-ce l'époque des grandes manœuvres, peut-être attendait-on le passage d'un régiment, le concert sur la place du Port, devant la belle maison de Notre-Dame de la Gauche.... L'*Abeille,* la *Guêpe* enveloppaient maintenant des côtelettes, les deux noirs « journalistes » avaient disparu l'un et l'autre, sans laisser d'autres traces que quelques factures impayées. Bon voyage ! Quel soulagement !

Quand on se croisait dans la Grand'Rue, les regards flottaient encore un peu, les mains hésitaient une seconde ; mais les yeux se reconnaissaient vite, les mains soulevaient les chapeaux, les casquettes : « Bonjour ! Bonjour ! Avons-nous pu être assez bêtes ! Aussi bêtes les uns que les autres, et donc quittes ! » On faisait des fleurs en papier, on lançait par-dessus les chaussées, aux carrefours — toiles peintes sur croisillons de lattes — de pacifiques arcs de triomphe. Baudrillon, le facteur-poète, fignolait les couplets du péan traditionnel. Péan de fête, non guerrier, autant de couplets que de chars :

Amis, voici le char des jolis bébés roses.
Les lis sont moins purs qu'eux, les bouquets moins char-
[mants.

On croirait, à les voir, de tendres fleurs écloses,
Souriant à la vie, au soleil du printemps !

A la bonne heure ! Et vive la joie ! On est vraiment gâté cette année : l'Affaire Bourd... enfin oui, n'en parlons plus ; la cavalcade ; et, maintenant que l'hiver approche, on annonce le théâtre Jolly.

La nouvelle court, on n'ose encore y croire. Elle se précise : « C'est M. le Maire qui l'a dit, il a donné l'autorisation. » On attend. « Eh ! bien, était-ce la vérité ? » Sur la place d'Armes, autour de la baraque de toile, toute la population défile. Les roulottes sont sur le champ de foire. « Sont-ils nombreux ? — Une douzaine, il paraît ; une vraie troupe. » On a entrevu des décors, un vieux maigre, deux très jolies filles, et une dame, « ce qui s'appelle une Dame, distinguée, une façon de sourire... vous verrez ! »

Dès le lendemain, on connaît tout le monde. Le vieux maigre, c'est le père Scarlat. Il joue « à la perfection. Il tenait le rôle du bailli ; il a chanté, à en mourir de rire, vous vous rappelez ? *De Cor-ne, de Cor-ne...* » Car on a joué *les Cloches de Corneville.* Un coup d'éclat, un coup de maître. Tout le bourg, conquis, fredonne. Déjà, avec Henri, trois fois, il a fait le tour du monde. Evasion, aventure, qui n'en rêve ? Les portes s'ouvrent. L'horizon s'agrandit. Ce soir, Mme Emma Jolly jouera *la Dame aux Camélias.*

La personne « si distinguée », c'est elle. Sa quarantaine sait sourire et pleurer ; elle dit les vers « comme à la Comédie-Française », servie par un instinct qui l'arrête au bord de l'emphase. Avec le père Scarlat — diseur étonnant en effet, vieux cabot roué, sceptique et fin, pour quelles obscures raisons fourvoyé en cet Illustre Théâtre ? — elle est la seule qui sache son métier. Son public tout neuf l'idolâtre. Elle joue de lui comme à son gré, et ses yeux las se remettent à briller, on la voit rosir sous son fard.

Admirable public, naïf, ardent, passionné, d'une docilité merveilleuse ! Il pleure, il rit, s'indigne, s'exalte, applaudit. Comme il écoute ! Comme il reçoit, s'imprègne, reflète, se donne ! Comme il s'oublie !

A son avidité, tout est nourriture et manne : l'opérette, le vaudeville, le mélo, le drame romantique. Le répertoire est vaste et divers, d'un éclectisme que rien ne limite, d'Audran et Planquette à Sardou, des Dumas à d'Ennery, de Hugo à Georges Ohnet. Quatre décors, fonds de rideau pour officine de photographe, un vieux piano qu'écrase un tapin chauve, deux bons meneurs de jeu, Scarlat, Madame, traînant cahin-caha, à la remorque, leur équipe trébuchante, ânonnante ; et chaque soir l'enchantement renaît. Entre les murs de toile de la baraque, secoués par le vent du dehors, au crépitement de la pluie sur les bâches, dans l'odeur d'huile des quinquets fumeronnants, ce sont les mêmes visages tendus, les mêmes fronts où courent des ondes, visages nus, regards transparents.

Je revois tout cela, honteux maintenant de mon irrévérence lycéenne, pauvre petit téteur de latin, apprenti bachoteur, déjà pervers ou plutôt perverti au milieu de tous ces grands enfants. J'en devrais avoir du remords... Et pourtant, comment résister ? M. Jolly, grand premier rôle, jeune premier, séducteur, jeune homme pauvre, marquis, baron, maître de forges, voix éraillée, cheveux plaqués, ramenés de l'occiput au sinciput en longues mèches cosmétiques, M. Jolly nous en donnait pour notre argent.

Sur un genou devant son amante, les jambes fendues en large compas, il disait son pathétique amour : « Cla-aire, je t'a-aime. » Il avait de ces entrées en scène ! (Haletant, oppressé, au bord de la pâmoison, il susurrait : « Je m'é*p*anouis ! ») de ces jeux de scène ! (Cherchant des yeux la douce orpheline, perdue dans l'enfer de Paris : « C'est elle ? Dieu bon, faites que ce soit elle ! » Et, dans un sanglot désespéré : « Malédiction ! Ce n'est pas-t-elle ! »)

Qui donc riait ? Qui osait rire ? Ce *pas-t-elle* résonnait dans un religieux silence. Miracle du théâtre, fiction ailée, adorable inconnu, aventure ! Dans la baraque de la place d'Armes, la petite ville sentait battre son cœur. Un cœur tout neuf, émerveillé de se sentir si tendre, plein de son émerveillement même, vieux cœur des hommes si prompt à battre encore, plus ardent d'avoir tant battu.

CHAPITRE XX

DE CLOCHER EN CLOCHER

Il y a de cela quelques semaines, je rencontrais un camarade de jeunesse, mon aîné de cinq ou six ans, comme moi originaire de la petite ville française qui m'a servi, si l'on veut, de modèle, de thème, de prétexte ou de point de départ. Petite ville pareille à tant d'autres dès qu'on dépasse les apparences, petite ville type, éminemment représentative d'un mode de vie qui fut le nôtre, d'une civilisation pendant des siècles reverdissante, refleurissante, et que l'embrasement d'une guerre aussi absurde que criminelle a dévorée, fanée irréparablement.

Il me disait, en bref, après m'avoir fait part de la joie, de l'émotion qu'il éprouvait à ces plongées dans un passé très cher : « Pour nous, les vieux, ça se comprend : on rumine, et on radote. Mais les jeunes, qui n'ont pas connu ça ? Qu'est-ce qu'ils vont penser de toi, les jeunes ? » Je ne répondais pas. Il acheva, avec la rude franchise que l'on doit à un ami : « Ils vont penser que tu es une vieille noix. »

Je me suis contenté de lui répondre : « Nous verrons bien. » Et cela, d'avance, voulait dire beaucoup de choses ; beaucoup plus encore, sans doute, que ce que je vais essayer d'exprimer ou de traduire avant notre séparation.

Bien sûr, je suis une vieille noix. Cela ne tient pas qu'à mon âge. Combien de fois, écrivain libre, et résolu à le rester jusqu'au terme d'une vie dont l'horizon se rapproche vite, combien de fois ai-je eu le sentiment de survivre à une ère révolue, de me trouver, quoi que je fisse, hors de la ligne, comme l'auguste du cirque butant dans le tapis de piste, roulé par l'équipe des manœuvres et balayé dare-dare, avec la sciure et le crottin. Eh bien ! tant pis, ou tant mieux, on verra. Vogue quand même la galère, au gré du vent qui passe et qui court à travers le monde, non aux coups de sifflet de la chiourme ! Je mourrai dans ma propre peau, ayant chanté ma propre chanson.

Quant aux jeunes, dont parlait mon camarade, pour eux aussi tant pis ou tant mieux, on verra. Mais je crois, dès à présent, que c'est tant pis pour ceux dont le haussement d'épaules confirmerait le pronostic désabusé de mon vieux compatriote.

Si ces images véridiques et fidèles n'ont rien ému en eux au-delà de leur mémoire, même pas la lueur d'une réminiscence qu'il leur ait semblé reconnaître, pas un désir de mieux comprendre, pas un sourire de douce connivence à l'égard des « vieilles noix » dont le sang coule maintenant dans leurs veines, je les plains. C'est signe qu'ils sont la proie d'un mal du siècle auprès duquel tous les « mal du siècle » de tous les siècles de l'histoire des hommes n'auront été que rhumes de printemps, petites fièvres de gourme essuyées, le temps venu du poil follet, par toutes les générations montantes.

Sourions. Ne jouons pas les Cassandre. Lorsque j'ai raconté l'horrible guerre bourdeletienne et sa défervescence soudaine, l' « embrassons-nous, Folleville » qui en avait été l'ultime et le seul raisonnable épisode, j'ai mentionné au nombre des agents lénifiants, outre la cavalcade et le théâtre Jolly, les manœuvres militaires.

Ce n'était pas un paradoxe. Ah ! le gentil, le candide l'innocent engouement d'alors pour le soldat, pour la cocarde ! Grandes manœuvres, salut au drapeau, revue « toutes armes » sur le plateau, entre le bourg et la forêt. Voilà les garçons partis, pétards en poche, plus excités et plus farauds qu'un jour de Saint-Alexandre.

Quel spectacle dans les éteules ! Un nuage blond, une poussière bien nourrie, substantielle, qui sent encore la farine de blé. Et là-dedans, soudains et vifs, des lueurs d'acier, des scintillements de cuivre et d'or. On approche. La terre frémit au roulement des caissons. Le nuage monte, s'épaissit, enfante inépuisablement des volutes rondes, gorgées d'un soleil opaque. Les unes, lentes, se traînent au ras du sol ; d'autres fusent, poussées par un galop martial. Des clairons sonnent, des tambours battent et les poitrines, à l'unisson, en vibrent jusque dans leur tréfonds.

Peu à peu la poussière retombe, flotte comme un dais dont s'entrouvrent les plis. Plumets, soutaches, flammes vives au bout des lances, on aperçoit l'état-major, le cheval blanc du général. C'est le ciel même qui vibre à présent, qui s'emplit d'une lumière glorieuse. La poussière devient un nimbe, une caresse sur les bataillons, leurs lignes immobiles et puissantes, leurs couleurs et leur chatoiement.

Quel plus beau rouge que la garance de vos pantalons, fantassins ? Quel plus beau bleu que l'azur de vos tuniques, chasseurs à cheval, hussards légers ? Et l'élégance, le panache, la *furia !* Quelle autre infanterie que la nôtre porterait ces pimpantes guêtres blanches, ces pompons rouges au képi ? Quelle artillerie ces hauts shakos, ces pantalons aux basanes miroitantes ? Voici, centaures casqués, les dragons aux ondulantes crinières, flots lustrés ruisselant sur les reins, les cuirassiers dont le torse bombé envoie ricocher le soleil.

Cliques sonores, stridentes trompettes, pas pesant des « légions en marche », cliquetis des mors avant la charge et soudain, de nouveau, cette gloire de poussière qui monte au galop des chevaux lancés, au tremblement de la terre martelée, qui enveloppe et soulève l'armée dans une apothéose dorée, l'emporte aux confins de la plaine dans un rêve héroïque où nous planons, tous, avec elle.

Les garçons ont la gorge sèche. Tandis que les troupes se disloquent, ils accompagnent vers le bourg, tricotant de leurs petites jambes, le régiment qui cette nuit encore cantonnera entre nos murs. C'est le nôtre, on est fier de lui. Dans la détente du pas de route, les voix fraîches s'enhardissent et caquettent. Les petites mains, au bord des rangs, cherchent la main d'un soldat, d'un pioupiou. Chaque moutard adopte le sien, impatient d'arriver à l'étape pour prendre le seau de campement, l'emplir d'eau fraîche au puits de sa cour, pour aller « faire les commissions », se rendre utile, peler les patates, souffler sur les feux des cuisines.

Se doutent-ils, tous ces petits, de ce qui les attend eux-mêmes, leur tour venu d'être soldats ? Pour quelle réalité terrible leur faudra-t-il abandonner le beau rêve de ce jour d'été, dans la petite ville familière, paisible, où la présence de tant d'hommes jeunes, ce soir, n'apporte qu'un surcroît d'entrain, de gaieté bavarde et chantante, un afflux de vitalité qui va tenir le bourg éveillé tard, bien plus tard que d'habitude, dans la nuit tiède et transparente où l'horloge du clocher, lentement, égrène les quarts d'heure et les heures.

Hélas ! Les aiguilles tourneront. Au cadran de la vieille tour carrée, l'heure sonnera d'une communion tragique, inoubliée de ceux qui l'ont vécue. Parce que c'était les vacances, j'étais là. J'ai vu partir pour l'holocauste les fils de ma petite ville, le plus chaud, le plus pur de son sang. Je fus témoin d'une angoisse si digne, si courageuse, presque sans cris, en tout cas sans chansons.

Deux août, trois août... C'était un été lumineux, la lumière ruisselait sur les toits. Sous la coupole d'un ciel limpide, dans une clarté matinale sans brume, je pus, du train qui m'emportait, suivre des yeux longtemps, s'amenuisant dans la distance, le fin clocher dont la flèche pointe toujours à l'horizon de mes souvenirs d'enfant.

Il a fallu une deuxième guerre et les bombes des *caproni* pour que la flamme le découronnât. On l'a relevé aujourd'hui, tout pareil à ce qu'il était. Mais je sais que ce n'est plus le même, que vraiment c'est un autre clocher. C'est pourquoi il m'arrive de me dire, songeant au clocher massacré, à sa silhouette-vigie, dernier signe de ma vallée au bord de l'horizon de plaine, signe des verdiaux de Loire, des beaux arbres de M. d'Hérou, des haies de nos Petits Sentiers, de l'Asile, de la Grande Ecole, de tout ce que j'avais aimé, il m'arrive de me dire : « Ne sais-tu pas, enfin, que tout meurt de ce qui a été vivant ? Que c'est une des tristesses de l'âge de survivre à ce qu'on a aimé ? A quoi bon nier une évidence qui saute aux yeux de tout le monde, refuser une réalité dont il faut bien que les hommes s'accommodent, sous prétexte qu'elle ne te plaît pas ? On rumine, disait mon camarade, on radote... Ouvre les yeux, résigne-toi, accepte. C'est comme ça. »

Et je me réponds à moi-même : « Bien sûr, j'accepte. Je ne suis pas si déraisonnable. Mais je ne me résigne pas. Je ne suis pas non plus si veule, d'avance rallié à toutes les perspectives que l'avenir propose ou impose, y compris celles que mon instinct refuse irrépressiblement.

Je ne peux pas, je ne veux pas me résigner à croire qu'en cet été de 1914, dans la lumière du jour radieux où le clocher de mon enfance tremblait aux battements du tocsin, une civilisation mourait toute, basculait d'un bloc et sombrait, s'abîmant corps et biens, corps et âme, dans un brusque et sanglant remous, effacée de dessous le ciel et dorénavant abolie comme si elle n'eût jamais été.

Ni la vie ni la mort même n'ont jamais cette rigueur absolue. Fussent-elles mortelles, les civilisations ne meurent pas si vite, et elles ne meurent pas tout entières. Bien sûr, je sais que l'Histoire s'accélère, qu'elle nous emporte irréversiblement. Mais il est bon, dans ce branle haletant, de se retourner un moment, de reconnaître *aussi* notre image dans un monde qui a été le nôtre, au fond d'un temps que nous avons vécu, et où la vie nous a « chanté ».

TABLE DES MATIERES

AU CADRAN DE MON CLOCHER

ACHEVÉ D'IMPRIMER LE 12 NOVEMBRE 1980
SUR LES PRESSES DE LA SIMPED POUR PLON
ÉDITEUR A PARIS

Numéro d'édition : 10 526.
Numéro d'impression : 6 842
Dépôt légal : 2e trimestre 1979.